Amor, natureza e magia

Maria Rodale

Amor, natureza e magia

Jornadas xamânicas para o coração do meu jardim

Tradução de Marília Chaves

Rocco

Título original
LOVE, NATURE, MAGIC
Shamanic Journeys into the Heart of my Garden

Copyright © 2023 *by* Maria Rodale

Todos os direitos reservados.

Nenhuma parte deste livro pode ser reproduzida no todo ou em parte sob qualquer forma sem a permissão do editor.

Imagem separador: Freepik

Direitos para a língua portuguesa reservados
com exclusividade para o Brasil à
EDITORA ROCCO LTDA.
Rua Evaristo da Veiga, 65 – 11º andar
Passeio Corporate – Torre 1
20031-040 – Rio de Janeiro – RJ
Tel.: (21) 3525-2000 – Fax: (21) 3525-2001
rocco@rocco.com.br | www.rocco.com.br

Printed in Brazil/Impresso no Brasil

Preparação de originais
BIA SEILHE

CIP-BRASIL. CATALOGAÇÃO NA PUBLICAÇÃO
SINDICATO NACIONAL DOS EDITORES DE LIVROS, RJ

R59a

   Rodale, Maria
      Amor, natureza e magia : jornadas xamânicas para o coração do meu jardim / Maria Rodale ; tradução Marília Chaves. - 1. ed. - Rio de Janeiro : Rocco, 2025.

      Tradução de: Love, nature, magic : shamanic journeys into the heart of my garden
      ISBN 978-65-5532-510-2
      ISBN 978-65-5595-321-3 (recurso eletrônico)

      1. Xamanismo. 2. Simbolismo. 3. Natureza - Aspectos religiosos. 4. Jardinagem - Aspectos simbólicos. 5. Espiritualidade. I. Chaves, Marília. II. Título.

24-94978   CDD: 202.12
                            CDU: 256:502.2

Meri Gleice Rodrigues de Souza - Bibliotecária - CRB-7/6439

Para os xamãs que mantiveram viva esta sabedoria
desde o início dos tempos.
Obrigada.

A todos os povos indígenas que sofreram.
Sinto muito.

Aos xamãs que trabalharam diretamente comigo.
Minha mais profunda gratidão.

Aos seres mágicos que me ensinaram a voar sozinha.
Sou eternamente grata por sua orientação.

E aos meus netos — os já nascidos e os futuros.
Eu sempre vou amar vocês.

Sumário

Amor 9
Natureza 11
Magia 13
Bem-vindo ao meu jardim mágico 15
O que é xamanismo e jornada xamânica? 19
Aterrando 31
Abrindo o espaço sagrado 37
E agora começamos 41
Artemísia 42
Rosa multiflora 53
Abutre 59
Morcego 68
Coelho 76
Mosca-lanterna-pintada 83
Vaga-lume 90
Teixo 95
Laranjeira-de-osage 101
Mosquito 107
Tulipeira 118
Cardo 125

Cervo 131

Vespa-do-papel 142

Hera venenosa 148

Cobra 155

Grama 161

Dente-de-leão 171

Clima 176

Ácaros 185

Carrapato 195

Álamos 200

Cigarra 206

Marmota 214

Asclépia 221

O fungo entre nós 231

Sonhando um novo sonho 237

Fechando o espaço sagrado 245

Gratidão 247

A trilha de livros 251

Amor

O amor tem mente e coração próprios. Não pode ser forçado e, ainda assim, é uma força.

O amor é primitivo. Você ama algumas pessoas, algumas coisas, mas não outras. Às vezes dói. Às vezes parece opressor. Às vezes você gostaria de não sentir, mas sente mesmo assim. E, quando não sente, pode ficar solitário e triste. O amor é confuso, cru, apaixonado, desesperado e até cruel.

O amor também é um caminho. Depois que você o encontra e começa a viver uma vida baseada no amor, um mundo mágico se abre à sua frente. O amor é um dos grandes mistérios do universo. Talvez seja o próprio.

Natureza

Tudo é natureza. Árvores, plantas, solo. Pessoas, animais, insetos, pássaros. Água, fogo, ar, céu, espaço. Prédios, carros, computadores. O visível e o invisível.

A natureza nos alimenta. Nos encanta. Nos inspira. E até nos destrói. Nós somos a natureza. Não somos nada sem ela.

A natureza está viva e é inteligente. Nós estamos vivos e somos inteligentes. O universo está vivo e é inteligente. Do mais ínfimo grão de matéria (ainda menor que o bóson de Higgs) até a maior coisa que podemos imaginar, todo o universo e mais além — até mesmo o suposto metaverso —, a natureza é o mistério que sonhamos compreender. Porque, entendendo-a, poderemos compreender a nós mesmos e uns aos outros.

Magia

A magia é um mistério poderoso. Não o truque de ilusionismo que entretém e muitas vezes surpreende (embora esse também seja divertido). Mas o tipo de magia sem explicação lógica — aqueles momentos em que tudo parece impossivelmente perfeito e alinhado: você pensa numa pessoa, e ela liga. Conhece alguém que é exatamente com quem deveria se conectar. Ouve uma música que te emociona, uma mensagem do universo refletindo o que você precisava ouvir.

Também é magia quando você sente que entes queridos falecidos tentam entrar em contato — talvez na forma de uma pena ou de um animal, o cheiro de alguém familiar, ou quando seu instinto lhe diz que algo está errado e, mais tarde, você descobre ter razão. É coincidência, mas também é mais do que isso. É sincronicidade, mas também é mais do que isso. É intuição, mas também é mais do que isso. É magia.

Confie na magia.

Bem-vindo ao meu jardim mágico

Caro leitor,

encontrei Amor, Natureza e Magia no meu jardim. Enquanto removia ervas daninhas, na verdade. Estava tentando erradicar uma artemísia, uma planta aparentemente incômoda que desempenha um papel importante neste livro. Eu mal sabia a que caminho estranho a artemísia me levaria quando decidi tentar ouvi-la.

Jardinagem (ou agricultura, no caso) não é para os fracos de coração. No meu jardim, fico cara a cara com nascimento, morte, decadência, assassinato (!) e caos, invasões, ervas daninhas armadas com venenos e armas afiadas. Depois de passar o dia no jardim, fico suja, suada, arranhada e mordida e apenas brevemente satisfeita, porque sei que esse é um relacionamento que não terminará até que eu esteja enterrada e sendo comida pelos seres decompositores, servindo de alimento para as raízes das árvores que viverão muito mais do que todos nós. Veja bem, nem mencionei o clima. Ou os carrapatos. Ou coelhos e marmotas.

Cultivar plantas para alimentação, beleza e prazer é uma colaboração criativa com a maior artista de todas: a natureza. Levei décadas para aprender que não estou no controle. Quanto mais relaxo e presto atenção aos pedidos do meu jardim, mais feliz eu fico. Não é uma guerra, e sim uma dança. Não é uma competição, e sim uma parceria. Não é uma corrida, e sim um festival. Não é fácil, mas é o tipo de dificuldade que fortalece e cria algo novo e maravilhoso. Não é isso que queremos fazer neste mundo? Criar algo original e emocionante, incentivando os demais a viverem todo o seu potencial e aproveitarem essa estranha experiência que chamamos de vida? Com um jardim, podemos criar o mundo que queremos ver e viver. E isso, meus amigos, é mágico.

Um dia, depois de uma luta frustrante tentando "controlar" uma "invasão" de artemísias, decidi fazer uma jornada xamânica para entender o que aquela planta tentava me dizer, se é que havia alguma coisa. (Uma jornada xamânica é um tipo de jornada interna em busca de compreensão do mundo exterior que dispensa o uso de drogas, falando diretamente com o espírito em outras realidades. Explicarei mais sobre a jornada em breve.) Foi uma experiência transformadora. Fascinante. Esclarecedora. Eu queria me comunicar com todos os outros seres do meu quintal que me incomodavam e que eu precisava ou desejava entender melhor.

A ideia deste livro surgiu dessa experiência. Considerei combinar a minha prática como jardineira, com minhas raízes espalhadas se aprofundando e me conectando à Terra, com o que aprendi como viajante de outros mundos. Uma das coisas que aprendemos com as jornadas xamânicas é que a melhor forma de honrar os espíritos que nos guiam é ouvi-los e mostrar que recebemos a mensagem. Escrever um livro parecia a melhor maneira de honrá-los.

Esse pensamento foi emocionante, mas também assustador, porque eu o compartilharia com o mundo. Eu não me sentia confortável em conversar sobre essas coisas. Exceto com minhas filhas, e sim, elas me acham estranha. Mas estou velha demais para me preocupar com o que as pessoas pensam a meu respeito. O caminho começou a se abrir diante de mim e não pude deixar de segui-lo. Eu queria ver até onde me levaria. Quanto mais eu conversava sobre jornadas xamânicas, mais as pessoas compartilhavam comigo suas próprias experiências e profunda curiosidade. No fim, não foi tão assustador.

Todos nós começamos em um jardim. Quer você acredite no Jardim do Éden bíblico ou na teoria da evolução (ou em ambos), nossas raízes estão na natureza, no aprendizado sobre o mundo que nos rodeia através de plantas e animais que nos sustentam, de rochas e árvores que nos abrigam, e das águas que saciam nosso corpo e alma. Se conseguirmos superar os nossos medos e aprender a ver a natureza como amiga e aliada, o que será possível? Se pegarmos o aborrecimento que sentimos por plantas, animais e insetos considerados pragas e transformá-lo em amor e apreço, como isso pode mudar todo o nosso mundo? Essa espiral distópica de morte mental que seduziu tantas pessoas poderia se tornar um ciclo de cooperação e evolução ascendente? Talvez seja possível corrigir o atual desastre ambiental que causamos aprendendo a amar as coisas que nos assustam e incomodam.

Nós, humanos, parecemos presos em uma série de discussões que ninguém nunca vai vencer. Lógica e fatos parecem não importar. Perdemos a confiança uns nos outros e nos sistemas que foram criados para supostamente nos sustentar. Decidi embarcar nessa jornada porque precisava saber se havia outro caminho. Eu estava atrás de respostas que satisfizessem a minha vontade de *saber, compreender* e *encontrar esperança*.

Na jornada xamânica, encontrei isso e muito mais.

Agora acredito que é possível criar um novo Éden onde o conhecimento não seja um pecado, o desejo seja reconhecido como parte do propósito humano e o amor e a compreensão sejam a bênção original a ser nutrida e cultivada no jardim da nossa vida. Acredito também que podemos criar um lugar em que a diversidade seja celebrada e abraçada como uma bela dádiva da natureza, porque a natureza *prospera* com a diversidade.

É fácil amar o que é encantador na natureza, as plantas, os pássaros e outras criaturas que se tornaram nossos amigos e nos deliciam com a sua beleza — as rosas, os tomates, os lírios do campo, as borboletas, os beija-flores. Assim como é mais fácil amar a própria família ou pessoas que se parecem conosco. Mas e aqueles seres que são mais difíceis de amar? Aqueles que tentamos exterminar ou erradicar? As ervas daninhas, as pragas, os invasores? Eles podem ter ensinamentos importantes a nos trazer. O que somos capazes de aprender se *de fato* prestarmos atenção neles? Percebi que eu poderia aprender mais com as plantas e os animais que me frustravam e assustavam. Eles estavam ansiosos para que eu aprendesse.

É aqui que minha aventura começa, e é isso o que essas histórias exploram.

Com amor,
Maria

O que é xamanismo e jornada xamânica?

Vamos deixar algo claro desde o início: não sou uma xamã. Minha amiga Lisa Weikel, por outro lado, é uma xamã de muito talento.

Eu a conheci em 2013. Lembro que tinha acabado de testemunhar a cura de uma amiga depois de um colapso mental/emocional após uma sessão com Lisa. Uma das médicas da minha amiga, muito sábia, inclui modalidades de cura diferentes em seus tratamentos e a encaminhou para Lisa. A cura da minha amiga foi tão transformadora (e a história é dela para contar, não minha) que criei coragem para me encontrar com Lisa. Na época, eu era CEO de uma editora de saúde e bem-estar e senti que era meu dever, bem como minha paixão, explorar as fronteiras da cura (de forma tão segura quanto possível).

Eu não tinha ideia do que esperar, mas Lisa parecia normal: cabelo grisalho curto e ondulado, roupas e sapatos confortáveis, usando algumas joias de simbolismo espiritual. Ela dirigia um Prius. Descobri que era advogada, mãe de três filhos e tinha um senso de humor astuto, um marido dedicado, alguns Boston terriers e gatos. Eu me senti segura na presença dela.

De acordo com Lisa, os xamãs são curadores energéticos do espírito humano "que viajam até outros reinos de consciência para trabalhar com espíritos em nome de indivíduos ou de suas comunidades". Ela explica: "Historicamente, os xamãs nasceram para o trabalho, exibindo certas características, habilidades e 'dons' reconhecidos como tal dentro da própria cultura, ou foram recrutados para isso por meio de uma experiência de quase morte. Muitos foram orientados — e ainda são, principalmente em culturas indígenas — por outros xamãs da comunidade. Esse processo é um pouco diferente em culturas como a nossa, que, até meados do século XX, rejeitava os estados xamânicos de consciência como êxtase ou até mesmo psicose."

Lisa foi apresentada ao xamanismo e às jornadas xamânicas no início dos anos 1990 pelo antropólogo Michael Harner, autor de um livro clássico chamado *O caminho do xamã*. Depois de fazer jornadas por dez anos, ela foi "inesperadamente iniciada e colocada no caminho da cura xamânica pelo xamã tuviano Aldyn-Herel Choodular enquanto estava na Sibéria, sob a direção e com a permissão do professor Mongush B. Kenin-Lopsan."[1] (Essa também é uma história que cabe a Lisa contar.)

Ela foi, então, treinada em métodos de cura mais práticos pela Sociedade Quatro Ventos, fundada pelo dr. Alberto Villoldo, antropólogo médico e autor de vários livros sobre xamanismo.

Mas, na época, eu não sabia nada disso. Só o que eu sabia era que estava deitada em um cobertor no chão do consultório de Lisa em Bucks County, Pensilvânia, prestes a ser "trabalhada". A sessão durou apenas algumas horas, mas foi milagrosa para mim. Acontece que havia muita coisa para curar — um divórcio recente, um histórico familiar desafiador e alguns outros traumas acumulados ao longo da vida. Ela me apresentou aos meus animais de poder e me deu um novo contrato de vida, feito pela minha própria alma; Lisa era a escriba. Ela disse que eu devia queimar o antigo. Eu queimei.

Não vou lhe dizer qual é o meu animal de poder (ou o que diz o meu contrato de vida). São questões muito pessoais, e falar sobre isso não é o objetivo deste livro. Animais de poder (também chamados de animais espirituais ou totens) e guias espirituais são como a natureza e o espírito nos alcançam para nos conectar, guiar e proteger,

---

[1] O professor Kenin-Lopsan foi nomeado Tesouro Vivo do Xamanismo pela Fundação para Estudos Xamânicos por seu trabalho heroico na preservação do xamanismo na República de Tuva sob o domínio soviético, quando o governo da URSS tentou erradicar as práticas indígenas.

independentemente de raça, religião, gênero, nacionalidade, etnia ou orientação sexual. Os guias espirituais podem aparecer como animais, anjos, ancestrais ou outros seres míticos. De acordo com Lisa, a maioria de nós nasce com um ou dois animais de poder ou aliados que nos guiam e protegem durante toda a vida (anjos da guarda, se preferir), enquanto outros vêm e vão conforme necessário. Ter um animal de poder é um relacionamento muito especial, construído ao longo do tempo, com base na confiança, na intimidade e na confidencialidade. Não há benefício de "glória refletida" em ter certo tipo de animal de poder. O poder vem do relacionamento, que cabe a cada um de nós cultivar e honrar. Se conduzirmos tal relacionamento de forma adequada, o poder vai crescer cada vez mais. Se abusarmos do relacionamento ou o usarmos para fins egoístas ou prejudiciais, o poder poderá ser retirado; ou seja, é bem parecido com uma amizade verdadeira.

Agora, algo muito importante sobre o xamanismo: para ser um bom xamã, não basta se dizer xamã (como o "xamã QAnon", que invadiu o Capitólio dos Estados Unidos em 6 de janeiro de 2021) ou estudar para ser um xamã. Poder é poder. Alguns o usam com sabedoria. Outros o usam para propósitos nada nobres. Os xamãs podem trabalhar para o bem ou para o mal. O principal atributo deles é a capacidade de viajar para outros reinos da realidade e recuperar informações ou poder em nome de indivíduos ou comunidades, na maioria das vezes a serviço da cura, encontrando coisas perdidas ou trabalhando com a natureza. Lisa não se refere a si mesma como xamã; ela prefere o termo "praticante xamânica". Mesmo assim, eu a chamo de xamã. Ela usa o poder com intenção pura e é humilde e discreta no próprio trabalho, que envolve curar ou servir aos outros.

Encontrar uma xamã como Lisa, ou mesmo o dr. Villoldo, não exige que você faça uma jornada xamânica, bem como ir a um médico não exige que você seja médico ou siga todas as instruções médicas recebidas. Assim como você não precisa ser um monge para meditar ou um iogue para praticar yoga, não é preciso ser um xamã para fazer jornadas xamânicas. No meu primeiro encontro com Lisa, não conversamos sobre jornadas. O que experimentei durante nossa sessão pareceu o que agora sei se tratar de uma jornada xamânica. Mas na época eu não tinha ideia do que era ou como fazê-la. Tudo que sabia era que, durante aquela sessão, em minha mente, vi coisas comoventes e bizarras que me deram uma nova perspectiva da vida. Como tive um sonho vívido com meu animal de poder antes mesmo da sessão, o fato de Lisa nomeá-lo validou toda a experiência para mim.

Lisa explica assim: "Durante uma sessão, eu viajo em seu nome e, com seus aliados, trabalho com sua alma para, entre outras coisas, mudar seus padrões e, se for orientada a fazê-lo, recuperar um animal de poder para ajudá-la a integrar o trabalho. Você não viaja durante nossa sessão. Você relaxa e entra em estado meditativo. Quase todas as pessoas com quem trabalho, quando estão nesse estado, 'veem' coisas. Mas você não viaja, já que não viaja conscientemente para outro reino com intenção."

Tudo que eu sei é que, após o término da sessão, senti uma profunda sensação de cura e fiquei curiosa para saber mais.

Alguns meses depois de visitar Lisa pela primeira vez, fui a um spa dar um tempo do estresse da vida e do trabalho. Movida por uma sensação de desespero silencioso sobre meu futuro misturada com meu desejo constante de fazer pesquisas, marquei uma consulta com uma médium. (Considero mediunidade como considero todas as coisas: pesquisa.) A médium disse que eu precisava me aproximar de sequoias, que o que eu procurava poderia ser encontrado nelas. O comentário sobre as sequoias foi arquivado na minha mente e voltei para casa.

No dia em que retornei ao escritório, recebi um convite para falar na conferência EcoFarm em Asilomar, um centro de retiros na península de Monterey, na Califórnia. A conferência aconteceria perto do meu aniversário, no início de 2014. Eu logo soube que queria ir, porque me lembrei de meu pai falando de Asilomar com os olhos brilhando. A psicóloga e zootecnista autista Temple Grandin daria uma palestra na conferência, e eu queria estar presente. Além disso, sempre quis visitar Esalen, o icônico centro de educação espiritual em Big Sur, a cerca de noventa minutos de carro ao sul de Asilomar (por coincidência, Esalen fica perto de uma floresta de sequoias).

Para ser franca, como uma mulher recém-divorciada, presumi que a médium quis dizer que eu encontraria um namorado nas sequoias. Em vez disso, descobri a jornada xamânica. No fim de semana em que eu estaria lá, a programação de Esalen oferecia apenas um workshop que despertou meu interesse — uma sessão de massagem espiritual e xamanismo com o xamã Bo Montenegro, treinado em Hopi, e uma curandeira espiritual brasileira chamada Maria Lucia Bittencourt Sauer. É, é assim que o universo funciona: Maria é meu nome; Lucia é o nome da minha filha caçula; e eu me interesso por xamanismo. Eu me inscrevi. Mais tarde, descobri que Maria Lucia tem uma filha chamada Maya, que tem a mesma idade da minha filha mais velha, Maya.

Em Esalen, fiz pela primeira vez uma jornada guiada enquanto tambores eram tocados. Depois que Bo pronunciou uma combinação especial de palavras para "abrir o espaço sagrado", como a prática é conhecida, todos nós nos deitamos em um círculo no chão, acomodados com travesseiros e cobertores. As luzes foram apagadas, e as persianas, fechadas, bloqueando a incrível vista do oceano Pacífico. Bo tocava o tambor suave e continuamente. Durante a jornada, fiquei pasma com a clareza e a beleza do que se desenrolava dentro da minha psique — experiências visuais repletas de animais e símbolos. Me senti voando e recebendo mensagens estranhas. Quando os tambores pararam, compartilhamos nossas jornadas. Cada pessoa teve uma experiência completamente diferente e todas foram espetaculares e mágicas. Eu estava fascinada, querendo aprender tudo sobre jornadas xamânicas.

Voltei para casa animada, mas também desorientada. A realidade como eu a conhecia tinha mudado — passei a sentir como se tivesse encontrado uma porta para um universo secreto. Como presente de aniversário para mim mesma, dirigi pela Rota 1 com o objetivo de passar uma noite no Post Ranch Inn, que estava na minha lista de hotéis por ser ecologicamente correto e ter uma arquitetura espetacular situada bem acima do oceano Pacífico. O local oferecia sessões com o xamã Jon Rasmussen, mas não tive tempo de me inscrever. Na loja de presentes do hotel, comprei seu livro, *Dreaming Your World into Being* [Sonhe para que seu mundo exista, em tradução livre]. O universo estava me dando pistas de que esse era um caminho que fui convidada a trilhar. Eu não tinha ideia de onde isso me levaria, mas seguiria em frente porque era fascinante demais.

Quando cheguei em casa, baixei um aplicativo chamado Drum Journey, da Mindful Bear Apps, e passei a praticar jornadas por conta própria com cada vez mais frequência. Eu lia tudo o que aparecia na Trilha de Livros, que é como eu chamo a mágica de encontrar o livro/filme/documentário exato justamente quando você mais precisa dele. O que aprendi foi como encontrar as peças de um quebra-cabeças no qual eu vinha trabalhando sozinha a vida toda, tentando compreender as coisas que nos unem em vez de nos dividir.

Em quase todas as culturas do mundo existe alguma tradição de xamanismo e jornada xamânicas. Essas antigas tradições indígenas de busca por conhecimento, percepção e comunicação com guias espirituais em outras dimensões envolvem a mudança de consciência, muitas vezes por meio do uso de um som rítmico, geralmente um tambor ou chocalho, embora a mudança também possa ser alcançada por meio da dança ou do uso de outros sons.

O dr. Michael Harner talvez seja o maior responsável por trazer o xamanismo e a jornada xamânica para a consciência ocidental (branca) contemporânea. Harner identificou o que chamou de "xamanismo central", ou seja, as práticas xamânicas que se assemelham pelo mundo.

A palavra "xamã" vem da palavra siberiana *saman*, que significa "aquele que sabe" ou "aquele que vê". Mas cada cultura tem sua própria palavra para o importante papel que um xamã desempenha.

O QUE É XAMANISMO E JORNADA XAMÂNICA?

No Peru, os *p'aqos* do povo Q'ero, no alto dos Andes, acessam outros reinos em nome da comunidade e são encarregados de responsabilidades que vão desde a cura até o intermédio com forças elementais. No México, há *curanderos/curanderas* e a tradição nagual dos toltecas, entre outras (Don Miguel Ruiz, autor de *Os Quatro Acordos*, vem dessa tradição). Na América do Norte, muitos povos indígenas usam a expressão em inglês "medicine people". Na Austrália, o povo aborígine tem curandeiros chamados *ngangkari*. Os países nórdicos têm uma tradição xamânica feminina chamada *seidr*, e os pastores de renas Sami, também dos países nórdicos, seguem as próprias tradições xamânicas poderosas. A cultura Dagara da África Ocidental chama seus xamãs de *boburo*; os zulus da África do Sul os chamam de *sangoma*. Existe até uma série de anime da Netflix, *Shaman King*, que aborda o xamanismo asiático. Basicamente, existem tantos nomes para xamãs como culturas no mundo.

Mas com frequência os xamãs foram perseguidos e mortos. Na Coreia do Norte, o xamanismo ainda é proibido e os xamãs podem ser executados porque representam o passado e não o futuro moderno. "O mesmo acontecia na Sibéria", explicou Lisa. "Quando a União Soviética anexou Tuva na década de 1940, por exemplo, houve um esforço combinado para exterminar os xamãs do local." Na Europa e nas Ilhas Britânicas, a partir do século XV, muitas curandeiras da medicina xamânica foram acusadas de bruxaria e assassinadas.

Em cada cultura, existem muitos métodos para realizar a *jornada xamânica*. No Oriente Médio, a dança sufi é um método para transportar pessoas para outras realidades. No Japão, a prática mística do xintoísmo trabalha com espíritos da natureza. Na Índia e em partes da Ásia, a meditação é a porta de entrada para a experiência direta com o divino. Na Europa e na Escandinávia, há tradições pré-cristãs baseadas na natureza de exploração interior e jornadas para outros mundos, incluindo as tradições celtas da Irlanda, da Escócia, do País de Gales e de partes da Inglaterra. Muitas culturas africanas usam tambores e danças para transportar pessoas, cada uma praticando uma tradição única. Nas Américas do Sul e Central, a percussão e a dança são tradições poderosas de transporte espiritual. (No entanto, a jornada é diferente da meditação. Meditar é principalmente um processo de aquietar a mente, enquanto viajar é um método de ativar uma parte diferente da mente para visitar outras dimensões.)

Essa não é, de forma alguma, uma lista abrangente de nomes, lugares e tipos de jornadas, ou uma explicação detalhada.

Infelizmente, grande parte da história do xamanismo foi perdida devido às religiões e aos políticos que tentaram eliminar o poder individualista dos xamãs. Contudo, à medida que aprendi sobre a ampla gama de tradições xamânicas, eu me convenci de que há algo universal no xamanismo (e o mesmo aconteceu com outros, como o dr. Harner). Em todas essas tradições, o tambor e o chocalho, o toque dos sinos, o canto e a dança desempenham um papel importante. Ao longo da história, os tambores foram proibidos em muitos lugares porque são uma ferramenta poderosa para experiências espirituais diretas, que podem ser uma ameaça à ordem estabelecida.

Algumas culturas usam medicamentos derivados de plantas, cogumelos e até animais como parte da experiência xamânica, trabalhando com tudo, desde ayahuasca (uma planta de vinha nativa da América do Sul) até cogumelos psilocibinos, peiote, mescalina (do cacto San Pedro), secreções de sapo-cururu e tabaco (na forma pura, sem quaisquer aditivos que o tornem viciante). Parece que o desejo de visitar o mundo interior e além são universais.

No entanto, há um ponto importante a ser destacado: *não é necessário* usar plantas ou drogas psicoativas para mergulhar no mundo interior da psique e nos conectar com o espírito para descobrir insights e verdades sobre nós mesmos e o nosso mundo. Com ou sem o uso de enteógenos (plantas capazes de expandir a consciência), o *som* é a estrada universal para a jornada espiritual. O som de um tambor ou chocalho, principalmente. Eu *não* uso drogas para essa viagem. Nunca experimentei ayahuasca porque não gosto de vomitar. Como mãe de três filhas e proprietária e CEO de uma empresa familiar de terceira geração que empregava centenas de pessoas, eu não tinha tempo para viajar até o coração da Amazônia e correr o risco de ficar doente ou algo pior, tampouco estava interessada nisso. A boa notícia é que descobri que não precisava tomar nenhum alucinógeno nem embarcar em aventuras excêntricas para visitar outros reinos. Todas as jornadas que descrevo neste livro foram feitas sem drogas (a menos que você considere café uma droga) e no conforto da minha casa.

As práticas xamânicas globais fazem parte da visão de mundo (cosmologia) conhecida como animismo, que é a crença de que tudo tem alma, está vivo e conectado. Ou panteísmo, que é a crença de que Deus é o Universo, e o Universo é Deus.

O xamanismo, se for respeitado, pode coexistir pacificamente com qualquer religião por *não* ser uma religião.

Estudar história religiosa é um dos meus hobbies. Passei a acreditar que todas as religiões surgiram de culturas locais que tentavam dar sentido, honrar e controlar o mundo ao redor e ajudar as pessoas a encontrarem e permanecerem no caminho correto. Muitas religiões são tribais e focadas na manutenção de uma identidade de grupo coesa. Outras estão mais focadas em capacitar o indivíduo para encontrar o próprio caminho. A religião desempenhou um papel importante na evolução humana, assim como as práticas espirituais indígenas. Repito: o xamanismo não é uma religião, é uma *prática*. Não estou tentando converter ninguém. Não há grupo do qual participar. Nenhum dogma. Nenhum líder. Nenhum guru. Nenhuma regra. Você nem precisa acreditar em Deus. Você pode professar a religião que quiser e ainda apreciar fazer jornadas xamânicas ou consultar um xamã. Assim como qualquer prática, quanto mais você executa, mais fácil fica.

Quanto mais aprendo sobre o xamanismo, mais me impressiona a credibilidade acadêmica das pessoas que o estudaram. Não se trata de pessoas querendo se tornar gurus ou inventar alguma fantasia pseudocientífica *New Age*, e sim estudiosos genuinamente curiosos sobre a compreensão da cura indígena. Eles trabalharam de perto e de maneira respeitosa com vários especialistas locais e compreenderam que o xamanismo é um método fundamental para ajudar na cura, na busca por sabedoria e no desenvolvimento de uma conexão direta com o espírito. Se esse espírito está fora ou dentro de nós, talvez não importe. O que importa é que as práticas xamânicas realmente ajudam pessoas a se curarem e a aprofundarem a compreensão de si mesmas e do mundo. É importante notar que o dr. Harner e outros trabalharam com o incentivo voluntário dos xamãs indígenas para traduzir essas práticas, beneficiando a todos. Afinal, há uma espécie a ser salva: a humana.

No primeiro estudo científico revisado por pares publicado no periódico *Frontiers in Human Neuroscience* em 2021, neurologistas da Universidade de Michigan e de outras instituições analisaram o estado de espírito dos xamãs enquanto descansavam, durante sessões de percussão e enquanto ouviam música clássica, comparando-os com um grupo de controle e com um segundo grupo sob influência de psicodélicos. Eles avaliaram os participantes usando registros de eletroencefalograma (EEG) e questionários. Os pesquisadores descobriram que os xamãs *de fato* entram em um estado alterado de consciência quando ouvem os tambores. "Os praticantes xamânicos se destacavam daqueles no grupo de controle em vários domínios de estados alterados de consciência, com pontuações comparáveis ou superiores às de voluntários saudáveis sob a influência de psicodélicos."[2] Em outras palavras, algo *realmente* acontece quando você fecha os olhos e começa a ouvir tambores. Se os cientistas e pesquisadores estiverem prontos para levar o xamanismo a sério, ainda há uma vasta linha de pesquisa a ser feita.

Meu objetivo não é ensinar você a realizar uma jornada xamânica, mas, ao longo deste livro, descrevo algumas das práticas básicas e como abordo minhas jornadas. Incluo algumas de minhas principais fontes no capítulo "A Trilha de Livros", caso tenha interesse. Se vai tentar ou não, a escolha é inteiramente sua. Escrevi este livro só para

---

[2] Emma R. Huels, Hyoungkyu Kim, UnCheol Lee, Tarik Bel-Bahar, Angelo V. Colmenero, Amanda Nelson, Stefanie Blain-Moraes, George A. Mashour e Richard E. Harris. "Neural Correlates of the Shamanic State of Consciousness". *Frontiers in Human Neuroscience* 15 (2021). Disponível em: https://doi.org/10.3389/fnhum.2021.610466.

O QUE É XAMANISMO E JORNADA XAMÂNICA?

contar algumas histórias incomuns e fascinantes, e compartilhar o que aprendi. Espero que a leitura abra seu coração e sua mente para novas formas de pensar — especialmente sobre nosso relacionamento com a natureza. Todas as experiências que descrevo ocorreram em minha casa, cercada pelo meu jardim, com plantas, animais, insetos, uma cobra e um pássaro com os quais tive relacionamentos pessoais e muitas vezes difíceis. Compreendo muito melhor todos eles agora e sinto um amor profundo por todos. Até os *mais* irritantes!

Quando faço uma jornada xamânica, experimento uma conversa entre minha mente lógica, que pergunta se aquilo é real ou se estou inventando, e minha mente mítica, que me mergulha na magia da jornada a lugares impensáveis e gloriosos onde vejo coisas que parecem impossíveis. Esse estado misto de crença e descrença é comum para muitas pessoas durante a jornada, sobretudo no início. Entretanto, como me disseram dois xamãs em resposta ao meu questionamento sobre tal dicotomia: "Isso realmente importa?"

Não. Não importa. Porque, aconteça o que acontecer durante uma experiência de jornada xamânica, aprendo e descubro coisas que não aconteceriam de outra forma. Se for um mergulho profundo na minha psique ou uma jornada real pelas galáxias, isso importa? Não. É tudo uma questão de jornada. A minha jornada.

Quando comecei toda esta aventura, fiquei muito ansiosa. Será que coisas ruins aconteceriam se eu errasse as palavras para abrir o espaço sagrado? E se eu não conseguisse me lembrar delas? (Serei sincera, não consigo.) Posso usar defumação de sálvia comprada no supermercado? E se eu abrir espaços sagrados no leste em vez de no norte ou no sul? Será que estou me "apropriando culturalmente" de algo que não me pertence? Será que alguma pessoa malvada invadirá minha cozinha vestindo uma roupa de freira e com uma régua na mão se eu não fizer as coisas com perfeição? Eita!

Depois de muita pesquisa, prática e questionamento, percebi que apenas algumas coisas são importantes de verdade. Se decidir tentar, é essencial começar com *a intenção correta*. Se estiver sendo sincero, não precisa dizer todas as palavras exatas. O passo seguinte é ter *respeito*. Você pode usar suas ferramentas culturais e ervas ou pode aprender com outras tradições, desde que demonstre respeito — respeito por outras culturas, pela natureza e pelo processo. E sempre peça permissão. Em seguida, *relaxe*. Diga à sua pessoa má interior (ou a quem quer que desaprove tudo que você faz, seja sua mãe, seu pai, seu cônjuge ou seu irmão) para dar o fora. Esta é a *sua* prática, *sua* hora de explorar os seus mundos interiores, *sua* jornada. Não existe certo ou errado, nem perfeição. Mas, por favor, tente realizar a experiência com amor no coração. E, para finalizar, seja *grato*. Sempre expresse gratidão por qualquer orientação que receber.

A jornada xamânica consiste em ter uma experiência direta com o mistério do universo. O *seu* universo. O *meu* universo. Ambos são válidos. Você pode chamá-lo do que quiser — Deus, Consciência, Energia, Fonte, Ciência, Universo. Eu chamo de Amor, Natureza e Magia.

Aterrando

Antes de começar, quero definir o cenário e compartilhar um pouco sobre minha trajetória única, para que possamos estar juntos em um terreno comum enquanto você aprende sobre as dimensões que visito.

Essas jornadas aconteceram num local confortável da minha casa, que é privado e próximo ao meu jardim. Eu adoro jardinar e fazer paisagismo. Meu jardim é onde posso expressar minha criatividade com mais liberdade. Ele é um oásis na floresta no topo de uma pequena montanha no leste da Pensilvânia (a uma altitude de 250 metros). Há sessenta anos, a propriedade era uma fazenda, mas estava abandonada e tomada por espinheiros e vinhas. No centro do terreno, caminhando por uma estrada de terra cercada por pedras gigantes, samambaias, musgos e árvores silvestres, há um lugar chamado Sand Pit. É uma antiga mina de areia perto do pico da montanha e parece um pequeno deserto. A primeira vez que vi, me apaixonei.

Quando meu então marido e eu encontramos esse lindo pedaço de terra há quase vinte anos, sabíamos que iríamos construir uma casa bonita e que não prejudicasse o meio-ambiente, com uma horta orgânica em um dos hectares mais arborizados. Contratamos um arquiteto local que nos contou ser um xamã (isso será importante mais adiante no livro), mas isso foi muito antes de eu sequer saber do que se tratava. Naquela época, eu queria ser uma boa empresária, mãe, esposa e filha. Fui vice-presidente da editora da família Rodale. Maya estava na faculdade, e minha segunda filha, Eve, ainda morava conosco. (Lucia nasceria alguns anos depois.) Minha mãe era presidente da empresa e sofria de câncer. Em outras palavras, muita coisa estava acontecendo.

Eu começaria o paisagismo do zero, uma tela em branco que seria preenchida, a princípio, com gigantescos montes de terra arenosa e muitas pedras. Eu não queria apenas plantar uma horta. (Devido ao conhecido trabalho de investigação do Rodale Institute sobre sistemas de agricultura biológica, muitas pessoas pensam que sou agricultora, mas não sou.) Não, eu conceberia um mundo totalmente novo.

Como ainda não estava confiante em minhas habilidades de design, contratei um paisagista local especializado em plantas nativas. Mas quando eu disse que queria criar um jardim mágico de contos de fadas, ele me olhou como se fosse uma ideia absurda. Agradeci a ele pelo projeto e não dei mais atenção àquilo.

Estudei permacultura com Bill Mollison, o excêntrico australiano que baseou a própria teoria de paisagismo no trabalho com culturas indígenas na Austrália e na África. Então eu sabia que o primeiro passo no processo de design era apenas sentar e observar. Onde eu estava na terra ao meu redor, na cordilheira, no país, no universo? Para que lado era norte, sul, leste e oeste? Como a água fluía? O que a terra parecia querer? O que todos nós queríamos?

Dessa observação, um plano paisagístico surgiu na minha mente, e fico feliz em dizer que ao longo dos anos ele se concretizou (quase que por completo). Estou praticamente sem espaço para plantar algo novo. Eu cultivo vegetais, ervas e flores. As árvores atingiram a altura máxima e os arbustos cresceram exuberantes. Há um pomar e colmeias. Tenho galinhas, um arranjo de troncos e histórias para contar.

Também pude conhecer melhor a terra. Aprendi que aquele local, antes de ser uma fazenda, servia para colheita de madeira. Antes disso, os lenapes, um grupo de diversos povos indígenas dos Estados Unidos, viviam naquele cume (muito) rochoso conhecido como planalto da Pensilvânia, que faz parte do sopé dos montes Apalaches. Os lenapes (cuja tradução pode ser "pessoa real, original") são tribos indígenas matrilineares e matrilocais. A retirada deles daquela região não foi repentina e violenta. Aconteceu ao longo de quatrocentos anos devido a uma combinação de doenças, negociações fracassadas com colonos europeus, fraudes e acordos ruins, incluindo o golpe da *Walking Purchase* de 1730. Mesmo depois disso, muitos lenapes lutaram lado a lado com o Exército Continental durante a Guerra de Independência dos Estados Unidos e permanecem na Pensilvânia até hoje. Bethlehem, a cidade mais próxima de onde moro, foi fundada pelos morávios, que acolheram os povos indígenas em sua comunidade. Não sei a história indígena exata da terra onde hoje moro e planto, mas busco honrar o legado lenape.

Nos tempos anteriores a qualquer vida humana ali, havia uma geleira. Como sei disso? Porque parou bem no meio da minha propriedade e derreteu, deixando para trás... o Sand Pit! Um professor de geologia de uma universidade local traz uma turma todo mês de setembro para estudar as camadas únicas do tempo registradas na areia. O e-mail que ele me envia todos os anos é um dos primeiros avisos de que o outono está chegando, o que sempre me deixa um pouco triste, porque o verão é minha estação preferida.

Jardinagem e paisagismo são minha arte e também meu consolo. O termo xamânico *miqui*, "cobertura morta", refere-se a lidar com a terra, pedindo que ela ajude a afastar problemas e transformando a dor e as energias pesadas em cobertura morta — o que qualquer jardineiro sabe ser uma coisa boa, pois alimenta uma nova vida e evita que as ervas daninhas tomem conta.

Fiz muita cobertura morta. Depois que meu pai morreu num acidente de carro, com apenas sessenta anos, vivi o luto plantando árvores. Enquanto minha mãe lutava contra o câncer e morria, cultivei plantas perenes. Enquanto meu casamento estava desmoronando, plantei um pomar. Nos tempos em que fui uma mãe estressada, arrastei minhas filhas em jornadas frequentes em busca de plantas e ervas incomuns e as deixei escolher plantas também. Quando me tornei CEO da Rodale, Inc. comemorei construindo uma área de compostagem espetacular. Cultivei vegetais e frutas e os preservei enquanto via toda a indústria editorial implodir. Para onde quer que eu viajasse — e viajei muito, tanto a negócios quanto a lazer —, voltava para casa com várias ideias do que plantar, de enfeites de jardim, pedras e conchas para me lembrar de como o mundo é lindo. Quando vendi o negócio da família, colhi coisas da minha horta e cozinhei para acalmar e nutrir minha família e a mim mesma. Durante a pandemia da covid-19, comecei a criar galinhas para que sempre tivéssemos ovos frescos. (Não como as minhas galinhas porque as amo demais, mas como as outras.) Quando minhas três filhas e minha neta vieram morar comigo durante os primeiros seis meses de confinamento, plantamos, construímos mais hortas, colhemos e ficamos gratas por estarmos protegidas do caos do mundo.

Às vezes tenho dificuldade de conciliar todas as diferentes partes da minha vida e os diversos papéis que tive de desempenhar. Mas acontece que ser uma jardineira excêntrica e uma CEO (embora no passado) não são coisas tão diferentes. Ambas envolvem pensamento estratégico, planejamento de longo prazo, visão, gerenciamento de um grupo diversificado e muitas vezes indisciplinado de personagens, persistência obstinada (também conhecida como teimosia), escuta e observação. (Todas essas habilidades também são cruciais para ser mãe.) A jornada xamânica acrescentou mais um ponto de conexão, porque através dos negócios, da jardinagem e do xamanismo aprendi a criar o mundo que quero ver e a transformar sonhos em realidade (o que alguns chamam de manifestação). A essa altura, isso é algo que todos precisamos aprender. Nossas vidas dependem disso.

Fiquei entusiasmada ao perceber que a jornada xamânica é uma ferramenta para conversar com meu jardim e com toda a natureza. Eu queria aprender como todos podem se envolver com a natureza de uma forma colaborativa e não combativa. Queria compreender como trabalhar com a natureza poderia nos ensinar a sermos humanos melhores. E eu *precisava* aprender como abrir mais meu coração para a magia.

Uma coisa que aprendi como jardineira ao longo dos anos é que a vida não é realmente uma questão de sobrevivência do mais apto. Não se trata nem de adaptação. (Foi mal, Darwin.) É realmente uma questão de sobrevivência dos mais felizes. Plantas e criaturas mais felizes são as que prosperam. Cada planta (ou animal, aliás) requer coisas diferentes para ser feliz. Algumas precisam de sol, outras, de sombra. Algumas preferem o ambiente seco, outras, úmido. Mas, se estiverem no lugar certo e forem encorajadas com amor, ficarão felizes e prosperarão. Elas vão se espalhar para preencher os espaços vazios. Vão voltar de novo e de novo todos os anos. Nos surpreenderão surgindo em lugares próximos e novos. Não precisarão de fertilizantes ou produtos químicos. Apenas estarão felizes e saberão disso. Não preciso saber o motivo exato por que isso acontece, pois acredito na magia. É a magia da regeneração, à qual todos temos acesso.

Assisto minha neta mais velha brincar durante horas no meu jardim, conversando com as fadas, contando histórias para si mesma, encontrando tesouros, cantando. Ela acredita em magia. Ela está feliz (na maior parte do tempo).

Perdemos a felicidade quando deixamos de acreditar na magia? Ou ela e eu estamos felizes porque temos sujeira carregada de serotonina sob nossas unhas sulcadas? Isso importa?

Meu irmão mais velho morreu em decorrência do HIV na década de 1980. Houve uma época em que ele morava numa pequena cabana na floresta, próxima a um canteiro de anêmonas que floresciam, mesmo sem atenção. Removi algumas delas para plantar em meu jardim. Elas se espalharam linda e suavemente; estão felizes e sabem disso. Me lembram de como o tempo é precioso e de como as coisas podem ser fáceis quando prestamos atenção ao que a natureza deseja. Só temos que estar dispostos a ver o que está bem diante de nós, em toda a sua beleza simples.

Muitas vezes procuramos magia em coisas incomuns — lugares distantes, comidas gourmet, entretenimento de alto risco, riqueza, fama ou aprovação de outras pessoas. Mas, na verdade, a magia está a nossa volta, onde quer que estejamos. Comecei a sentir mais isso quando fui forçada pela pandemia a ficar em casa. Quando me aquietei, ficou mais fácil ouvir o que a natureza tentava me dizer e sentir o amor ao meu redor. Descobri que a magia está em toda parte e é poderosa. Levei muito tempo para encontrá-la. Mas, desde que a encontrei, estou animada para compartilhar o que aprendi.

Todas as jornadas deste livro, exceto uma (Abutre), aconteceram na ordem em que aparecem. Nenhum nome foi alterado e tudo é verídico.

Há mais uma coisa que precisamos fazer antes de mergulharmos juntos nessas jornadas: abrir o espaço sagrado...

Abrindo o espaço sagrado

Antes de iniciar uma jornada, é importante abrir um espaço sagrado para criar uma área de proteção que nos mantenha seguros durante a jornada, garantindo que o poder com o qual interagimos seja positivo e bom. Embora eu não os leve literalmente a uma jornada xamânica neste livro, quero que todos conheçam o belo poder de abrir espaços sagrados. Assim, poderão compreender a reverência com a qual as jornadas são feitas. Também é um jeito de garantir que o que você ler neste livro lhe trará apenas coisas boas!

Adoro ouvir Lisa Weikel abrindo o espaço sagrado porque as palavras dela são lindas e relaxantes. Ela combina a versão tradicional da Four Winds Society com elaborações próprias.

Quando faço uma jornada sozinha, minha abertura do espaço sagrado é mais curta e direta (como eu). Às vezes ouço uma gravação de outras pessoas abrindo um espaço sagrado em vez de eu mesma recitar as palavras. Lembre-se: o mais importante é a intenção sincera. Vamos começar minhas histórias de jornada com as luxuosas palavras iniciais de Lisa, para que vocês tenham uma noção de como é quando eu digo que "Ela abriu o espaço sagrado".

Aos ventos do norte,
Saywarkintey, Beija-flor Régio, Huanakari,
Às avós e avôs que vieram antes de nós e todos aqueles que virão depois de nós, os filhos dos filhos dos nossos filhos:
Venham! Estejam aqui conosco agora enquanto fazemos este trabalho.
Ancestrais e Antigos, aqueçam as mãos junto ao nosso fogo, sussurrem sabedoria em nossos ouvidos.
Beija-flor, ajude-nos a ficar tranquilos em meio ao caos do mundo exterior para que possamos beber da doçura e da sabedoria que nos rodeia.
Lobo, líder do Clã dos Professores, por favor, saia e reúna nossos maiores mestres e lhes peça que se juntem a nós em conselho, ajudando-nos a lembrar e abraçar as lições que estabelecemos para nós mesmos nesta vida.

Aos ventos do leste,
Apuchine, Hatun Kuntur, Huaman, Hatun Tuku: Águia, (Grande) Condor, Falcão e (Grande) Coruja:
Venham! Estejam aqui conosco agora enquanto fazemos este trabalho.
Nos ensinem a voar com o Grande Espírito, no alto dos Apus, as Montanhas Sagradas, para que possamos olhar para baixo, para a nossa vida e o nosso destino, e ver as nossas experiências de uma perspectiva diferente.
Nos ajudem a ver as escolhas que temos diante de nós e a escolher o fio do destino que mais vibrantemente atrai nosso coração.
Por favor, juntem-se a nós, Antigos — nossas montanhas pessoais e sagradas —, bem como a todos os Apalaches, os Andes, as montanhas Rochosas, o Himalaia, Uluru, o monte Fuji, o monte Kilimanjaro, o Cáucaso, os Pirenéus, as Terras Altas da Escócia, os penhascos irlandeses e todas as montanhas do mundo inteiro.
Por favor, protejam nosso espaço de cura e nos tragam sabedoria acumulada.

Aos ventos do sul,

Sachamama, Grande Serpente, Amaru:
Venham! Estejam aqui conosco agora durante este trabalho.
Envolvam suas espirais de luz dourada ao nosso redor.
Nos ajudem a nos livrar de medos e preocupações, de antigas crenças e preconceitos, ou de qualquer coisa que possa nos pesar ou nos impedir de ser as expressões mais brilhantes de nós mesmos.
Nos ajudem a nos livrar disso, assim como vocês mudam de pele.
Nos lembrem de caminhar com gentileza sobre a Mãe Terra, sensíveis e conscientes de nossa conexão com Ela.
Porco-espinho! Pequenino, por favor, junte-se a nós também. Nos traga suas qualidades de confiança e fé, inocência e diversão, nos lembrando ao mesmo tempo de que temos a capacidade (e a responsabilidade) de estabelecer e manter limites eficazes e apropriados.

Aos ventos do oeste,

Otorongo, Mãe/Irmã Jaguar, Choquachinchay, Jaguar Arco-íris, vocês que fazem a grande jornada deste mundo para o próximo e de volta; Avó e Avô Urso, guardiões da sabedoria que reside dentro de todos nós:
Venham se juntar a nós neste trabalho.
Protejam nosso espaço de cura enquanto viajamos para a escuridão desconhecida, descobrindo e explorando o que podemos ter escondido de nós mesmos; nos deem olhos para ver e ouvidos para ouvir o que nos ajudará a compreender a nós mesmos e nosso propósito aqui na Terra. Vocês viram o nascimento e a morte dos universos, então venham e nos ajudem a morrer para os velhos modos de ser que já não nos servem mais.
Nos lembrem de que, com vocês ao nosso lado, não temos nada a temer.
Acima de tudo, nos ajudem a abordar este trabalho e a viver nossas vidas com a máxima integridade e impecabilidade.

Pachamama, Danu, Gaia, Doce Mãe Terra:
Você é a Mãe que nunca nos abandona.
Você nos alimenta, nos veste e nos abriga. Você nos fornece tudo de que precisamos não apenas para viver, mas para prosperar. Nós a honramos e pedimos que se junte a nós, não apenas para curar a nós mesmos, mas para curar todos os seus filhos, de duas pernas, de quatro patas, de muitas patas, sem pernas, alados, peludos, com barbatanas, pessoas de pedra, pessoas de plantas, pessoas da altitude. Oferecemos os benefícios curativos do nosso trabalho a todos os nossos parentes para que os usem como quiserem e puderem. Aho mitakuye oasin.
Espíritos da Terra onde vivemos e onde estamos neste momento: Obrigada por tudo que fazem para manter nossas casas e nossos espaços em equilíbrio. Obrigada por nos convidar para residir, trabalhar e brincar aqui. Por favor, ocupem seu lugar junto ao nosso fogo e permitam o trabalho realizado e a visão alcançada neste espaço sagrado para limpar, beneficiar e curar vocês — e esta terra também.

Intitayta, Mama Kia, Hatun Chaskas (Pai Sol, Avó Lua, Irmãos e Irmãs das Grandes Nações Estelares), Illatixi, Wiracocha, Wakan Tanka, Mestres Ascensionados, Reino Angelical, Deus, Deusa, Tudo o que é, Você que é conhecido por mil nomes e Você que é o inominável:
Por favor, venha, brilhe Sua luz sobre nós,
Ilumine nossos corações, mentes e corpos, e nos encha com sabedoria, visão, amor incondicional e compaixão. Nos ajude a sentir seu perdão e paz, bem como alegria e gratidão por ser permitido viver mais um dia em beleza e graça.

E AGORA COMEÇAMOS

*Estas são minhas reflexões e jornadas
sobre amor, natureza e magia.*

Histórias de ninar para bons sonhos.

Jornadas para os mistérios da vida.

*Sementes plantadas na alma do universo
para fazer crescer coisas novas.*

*Afinal, somos todos natureza. A natureza somos nós.
Quando começamos a compreender a natureza,
começamos a compreender a nós mesmos.
Essa é uma forma especial de magia.*

Confio nela.

Sou uma viajante.

Sou uma jardineira.

Estas são minhas histórias.

Artemísia

As plantas governam o mundo.

JORNADA: 8 DE ABRIL DE 2021

Tudo começou com a artemísia. Suas folhas pungentes parecem as de crisântemos: verde-sálvia com bordas irregulares. Se deixada para crescer até sua altura total de 1 metro, produzirá pequenas flores indefinidas.

— O que é isso? — perguntei ao paisagista chique que estava visitando meu jardim.

— Argh, isso é artemísia. É quase impossível se livrar dela sem um herbicida.

Droga. Eu *realmente* não uso herbicidas, mas naquele verão considerei usar, o que para mim era um sacrilégio! Afinal, pertenço à família que iniciou o movimento orgânico moderno nos Estados Unidos e tinha escrito um livro chamado *Organic Manifesto* [Manifesto orgânico, em tradução livre]. Busquei outras opções e descobri que sim, a artemísia é quase impossível de erradicar. Imaginei como seria fácil borrifar o veneno na planta. Suspirei.

Não. Eu não faria aquilo. Faria da maneira mais difícil.

Buscando erradicar a artemísia, cavei fundo no solo, arrancando raízes que corriam como cabos de computador emaranhados de uma planta para outra, penetrando sob grandes pedras e saindo pelo outro lado. Colecionei pilhas e mais pilhas da terrível artemísia. Encontrei o que parecia ser uma raiz-mãe que conectava todas as outras e, com profunda e sombria satisfação, arranquei aquelas raízes parecidas com gigantescas pernas de aranha.

Como jardineira e paisagista apaixonada e de longa data, fui seduzida e inspirada por belas fotos em revistas de jardinagem, cenas em que a natureza selvagem foi meticulosamente cuidada e cultivada. A única erva daninha era um ou outro verbasco, com uma aparência fabulosa em flor, como uma estrela de cinema escultural num vestido amarelo-brilhante destacando-se da multidão. Fiquei encantada com aqueles refúgios rurais da pequena nobreza interiorana europeia, apesar de saber *por experiência* que tais fotografias eram resultado do trabalho de um exército de jardineiros e *stylists* que invadiam o local e depois de horas conseguiam criar um aspecto fabuloso de luxo sutil, sem esforço. Nessas fotos, uma mesa perfeitamente posta com comida fresca da horta brilhava à luz dourada do pôr do sol, cintilando como uma taça de vinho rosé espumante, seduzindo o espectador a um ideal de sofisticação descontraída. Guardanapos de linho perfeitamente passados. Cestas feitas à mão. Tudo sob controle e agradável aos olhos. Esses jardins não eram apenas belas fantasias — representavam um desejo de me enquadrar num estrato social ao qual eu sabia que nunca pertenceria. Durante décadas, me preocupei em lutar pelo jardim ideal: sem artemísias e outras ervas daninhas desagradáveis.

Talvez meu sonho de fazer parte da alta sociedade da jardinagem remonte ao desejo de meus avós de se adaptarem. Meu avô paterno, J.I. Rodale, nasceu e foi criado no cortiço judeu dos edifícios do Lower East Side de Manhattan. Minha avó paterna, Anna, era filha de um mineiro de carvão da sombria cidade de Tamaqua, na Pensilvânia. Ela se mudou para Nova York quando ficou órfã, aos catorze anos, e foi lá que meus avós se conheceram (num salão de dança). Quando J.I. e Anna compraram uma fazenda em Allentown, Pensilvânia, alguns anos depois de se casarem, estavam ansiosos para experimentar todas as ideias que aprenderam com a aristocracia britânica sobre jardinagem sem produtos químicos. Eles leram sobre compostagem no famoso livro de Sir Albert Howard, *Um testamento agrícola*, e sobre a importância de um solo saudável em *The Living Soil* [O solo vivo, em tradução livre], de Lady Eve Balfour. Nas décadas de 1940 e 1950, os meus avós criaram uma fazenda orgânica formal e funcional que parecia mais europeia do que americana. Eles criaram sua própria visão do sonho americano. Essa fazenda mágica foi onde a minha família viveu e onde cresci, livre para perambular durante toda a minha infância.

Tendo isso como legado familiar, meu jardim tinha que corresponder a grandes expectativas — tanto as minhas quanto as que eu acreditava que os outros tinham. Por esse motivo, estava determinada a erradicar a artemísia. Era o primeiro verão da pandemia da covid-19, e fiz da campanha "jardim perfeito" meu foco. Naquele período de quarentena, cavei muito e por muito tempo. Por uma semana, senti como se tivesse vencido, mas o verão estava só começando. Eu deveria saber como seria a história. Afinal, eu havia capinado durante 59 anos (se contarmos meus primeiros dias fazendo bolinhos de lama). No outono, eu desisti. Uma breve crise da doença de Lyme em setembro me levou a tomar um antibiótico que causa sensibilidade ao sol, e fiquei dentro de casa. Chegou o inverno. A neve caía e se acumulava numa altura de metros, não centímetros, em dezembro, janeiro e fevereiro.

Em abril, voltei ao jardim e lá estava a artemísia... maior e melhor do que nunca, voltando dos mortos como Jesus. Era como se eu nem tivesse tentado me livrar dela. Comecei a furar a terra fria com minha faca de jardinagem, ainda determinada a erradicá-la.

Após alguns minutos de ataque severo, me levantei, respirei fundo e pensei por um momento. Quando eu era CEO e os membros da equipe reclamavam da mesma coisa várias vezes, eu respondia: "Se você sente que está dando murro em ponta de faca, talvez seja hora de tentar algo diferente." Olhei para a única planta de artemísia que eu estava prestes a matar. Talvez fosse hora de seguir meu conselho de gestão. As folhas até que eram bonitinhas. De repente, senti a planta tentando chamar minha atenção e em seguida algo mudar em mim — como se uma lente diferente tivesse sido colocada diante de meus olhos, com uma linha direta para minha alma. Por um segundo, senti a vivacidade — a consciência — de tudo. Principalmente daquele pequeno broto de artemísia. O que eu estava fazendo? Estava gastando tanta energia e sentindo tanta raiva, e era só uma planta. Quem disse que ela era ruim? Era assim que eu queria viver minha vida? Era nesse barranco que eu ia acabar? Por que eu estava fazendo da artemísia minha nêmesis do jardim?

Eu me considero uma amante da natureza, mas naquele verão, quando o foco foi o meu jardim, agi como um ditador fascista. Não só não era bonito de se ver, mas também não me trazia alegria ou satisfação. Algo não estava certo. O que eu não estava vendo e precisava ver?

Há momentos em que você sabe o que é certo ou inteligente, mas condicionamento e hábitos substituem o bom senso. Então, você continua fazendo algo que é estúpido e inútil. Me lembrei de minha mãe ajoelhada em seu canteiro de flores, arrancando ervas daninhas com raiva; dela marchando pela fazenda e reclamando das ervas daninhas. Ela era uma "holandesa da Pensilvânia", e mais tarde atribuí sua aversão às ervas daninhas ao senso alemão de organização obsessiva. Embora ela tivesse falecido há muito tempo, eu ainda ouvia sua voz na minha cabeça, me censurando. "Limpe essa bagunça!"

Outra voz se juntou: "Arranque tudo pela raiz." Era meu primeiro chefe na fazenda me instruindo para meu trabalho de verão em sua propriedade. Ele também era um "holandês da Pensilvânia" e tinha um sotaque forte quando falava raízes em inglês, "ruts". Essa frase ecoava em minha mente fazia 45 anos.

Aquele momento com a artemísia no jardim desencadeou um grande despertar em mim. Vi como minha complicada história com jardins e minha família, além do negócio familiar, eram como raízes de artemísia emaranhadas. Entretanto, tendo vendido a empresa dois anos antes, eu havia me livrado desse fardo e, de repente, me senti capaz de olhar para tudo com uma nova perspectiva — e não mais aquela com a qual nasci e para a qual fui treinada durante toda a vida. Mente de iniciante, como às vezes é chamada. Uma ideia começou a tomar forma. Eu fazia jornadas há anos — geralmente para tentar resolver problemas de relacionamento ou de negócios —, mas percebi que talvez eu pudesse tentar falar diretamente com uma planta ou um animal.

Por coincidência (ou por mágica), naquela mesma noite planejei participar de uma sessão de jornada em grupo. Lisa havia iniciado sessões semanais para proporcionar às pessoas um senso de comunidade durante a pandemia. Ela chama essa prática de reuniões regulares de "caravana xamânica", com cada um dos indivíduos viajando na própria "carroça". É como uma tribo de viajantes atravessando juntos uma paisagem nova e desafiadora. Éramos um grupo pequeno, de duas a seis pessoas, que apareciam para viajar por Zoom com o objetivo de aproveitar o poder da energia e da intenção do grupo, ao mesmo tempo que encorajavam uns aos outros a recorrer à própria orientação. Lisa abria o espaço sagrado e chocalhava enquanto viajávamos e então compartilhávamos nossas jornadas uns com os outros.

Viajantes experientes recomendam sempre estabelecer uma intenção antes de viajar. Fazer uma pergunta, talvez. Ou decidir com antecedência aonde deseja ir ou com quem deseja falar. Caso contrário, você poderá se perder ou encontrar más influências. Não soube disso por muitos anos. Agora eu sei.

Naquela noite, na sessão de jornada em grupo, estabeleci a intenção de tentar entender a artemísia e ver se ela tinha algo a me dizer. O céu ainda estava claro, mas eu sabia que estaria azul-escuro quando a jornada terminasse. Deitei-me no cobertor que uso para viajar — eu o chamo de cobertor mágico por diversão. (É um cobertor com as cores do arco-íris que comprei em Santa Fé no meu aniversário de 21 anos.) Gosto de me deitar confortavelmente quando viajo. Já ouvi o processo ser descrito como a criação de um "bambu oco" — um canal vazio para que a energia da jornada viaje sem impedimentos. Eu me certifico de estar com o cabelo solto e sem sapatos.

Lisa abriu o espaço sagrado e o chocalho começou.

Toda jornada começa com a entrada num portal imaginário: um buraco numa árvore, uma caverna, um corpo de água ou alguma fenda natural na terra. Para essa jornada, tentei começar entrando na artemísia. Não rolou. Hmmm. Nunca passei por isso antes. (Durante a discussão posterior, Lisa explicou que os seres vivos não são portais para jornadas. Ela não ficou surpresa por eu não conseguir entrar através da planta real. Eu havia experimentado uma verdade xamânica fundamental antes de saber que ela existia.)

Mudei minha abordagem e entrei no buraco habitual em uma árvore. Estava escuro e continuou escuro. Senti como se estivesse no subsolo. Esperei. Quando estou viajando e nada acontece, começo a questionar minha sanidade. Foi o que começou a acontecer. Esperei mais um pouco. De repente, ela começou a falar baixinho comigo:

— Você está sempre tentando me matar. Já pensou em ser gentil e pedir?

Não, eu não tinha pensado.

— Você sabe que nunca vai se livrar de nós. As plantas governam o mundo.

"É verdade", pensei. Por que eu não tinha visto isso antes?

— A artemísia faz bem ao coração, sabia? Pesquise um pouco. Sempre que uma planta aparecer como uma praga, estude-a. Estamos apenas tentando nos comunicar com você.

Tudo bem, tudo bem, entendi. Eu estava preocupada com meu coração porque há histórico familiar de ataques cardíacos. Além disso, passei a bocejar muito e não conseguia parar, o que me preocupava ser um fator de risco ainda não descoberto para problemas cardíacos.

Naquele momento, meu fiel espírito animal apareceu.

— Vamos dar um passeio — sugeriu.

Começamos a caminhar no meu jardim, entre as artemísias.

— Sabia que toda essa raiva pelas ervas daninhas não é boa para o coração? Pare de se preocupar tanto com elas.

O chocalho tocou mais rápido, me chamando de volta.

Era realmente assim tão simples? Apenas parar de me preocupar? Mais fácil falar do que fazer, né?

É fácil pensar que somos seres racionais. Que o que nos ensinaram é sempre verdade e fatos são fatos. Através da jornada, porém, de repente *compreendi* com o coração e a alma. A artemísia não é minha inimiga, e sim minha aliada. Minha professora. Ao tentar matá-la, erradicarei qualquer oportunidade de aprender e crescer. Além disso, *não posso* destruí-la porque as plantas dominam o mundo.

Assim que comecei a ver a questão por uma nova perspectiva, a artemísia apareceu em todos os lugares.

Na noite seguinte, Lucia me chamou para assistir ao filme *A Viagem de Chihiro*, uma animação clássica japonesa. No meio do filme, o mestre das termas dá a alguém um ingresso para um banho de artemísia. Aquilo chamou a minha atenção. O quê?

Estava evidente que eu precisava aprender mais sobre artemísias. Pesquisei em livros de ervas e sabia que era considerada uma planta curativa, recomendada para melhorar os sonhos e o sono profundo. Não tenho problemas para dormir, então não era para isso que ela me ajudaria. Tinha que haver algo mais... Senti que havia um mistério a ser resolvido.

Não sou uma pesquisadora sistemática ou científica, mas sou uma leitora voraz. *Adoro* aprender. Acho que "sofro" de epistemofilia, que é o amor e a sede às vezes excessivos por conhecimento. Eu devoro todo tipo de conteúdo. Para mim, o milagre da tecnologia moderna é a riqueza de informações que podem ser encontradas on-line. A alegria que vem de conectar os pontos entre história, ciência, natureza e humanidades é um dos meus maiores prazeres.

Descobri um mundo de conhecimentos, produtos e tratamentos com artemísia. Há artemísia à venda on-line. Espera um pouco... As pessoas compram artemísia? Aparentemente, na Ásia, ela é considerada uma planta curativa. É usada para reduzir eritema. Eu tenho eritema com frequência. Também é usada na acupuntura, durante uma estranha técnica de queima chamada moxabustão. Pequenas pilhas de artemísia seca são colocadas na pele em pontos-chave dos meridianos (pontos energéticos da medicina chinesa) e depois queimadas. A prática não causa dor. Isso despertou a lembrança de um tratamento que fiz certa vez em um spa no Texas. (Eu experimento *quase tudo* uma vez na vida.)

ARTEMÍSIA

A artemísia é considerada parte fundamental do mito da criação coreana. A história conta que um tigre e um urso chamado Ungnyeo viveram juntos numa caverna e oraram ao rei divino para serem transformados em humanos. O rei lhes deu vinte dentes de alho e um maço de artemísia e ordenou que ficassem cem dias na caverna, comendo apenas alho e artemísia. O tigre partiu depois de vinte dias, mas o urso permaneceu. No vigésimo primeiro dia, o rei divino o transformou em mulher. Ungnyeo orou por uma criança a uma bétula sagrada, e o rei teve misericórdia dela e lhe deu um filho, que se tornou o fundador da nação coreana. A artemísia tem algumas raízes régias.

O nome latino da artemísia é *Artemisia vulgaris*. É considerada uma planta de proteção — inclusive contra insetos e espíritos malignos. Em muitas tradições pagãs europeias, ela é usada para defumação, semelhante à forma como os indígenas americanos usam a sálvia ou o cedro. (Na verdade, alguns indígenas americanos também usam artemísia.)

Defumar é uma forma de limpar a energia ao redor de uma pessoa ou objeto e, assim como o xamanismo, rituais de defumação são encontrados em todo o mundo. Acredita-se que a fumaça elimina a energia negativa — mas também pode enviar mensagens aos ancestrais ou espíritos. É por isso que queimar incenso é uma prática tradicional em muitas culturas asiáticas. Defumar envolve queimar um feixe de ervas secas e deixar a fumaça envolver uma pessoa, um cômodo ou um lugar que precisa de proteção, limpeza, cura, bênção ou conexão com o mundo espiritual. Os aborígenes australianos fazem isso. Os escoceses queimam zimbro numa tradição chamada *saining*. Os padres católicos fazem isso quando queimam incenso num turíbulo ao iniciar uma missa. Acredite ou não, os "holandeses da Pensilvânia" também fazem isso… com artemísia!

Então me ocorreu que a Artemísia podia estar me perguntando: "Você não sabe quem eu *sou*?!" Hum, não. Aparentemente não.

Eu tinha uma planta medicinal sagrada e poderosa em meu jardim e estava tentando destruí-la. Tonta.

No dia seguinte, peguei um ramo de artemísia, mergulhei-o em água quente, coei e acrescentei o chá à água quente do banho. Naquela noite, tive sonhos intensos.

Comecei a perguntar sobre a artemísia a amigos interessados nas qualidades curativas das plantas, se eles a usavam e de que forma. Algumas pessoas fazem bastões de defumação com ela. Outros a comem. Surgiu uma memória há muito enterrada de comer bolinhos de arroz e artemísia no Miya's Sushi (antigo restaurante do chef Bun Lai em New Haven, Connecticut, que usava espécies invasoras em seus pratos). Eram deliciosos. A artemísia tem um sabor herbal distinto e forte que é difícil de esquecer. Comecei a sentir intensa gratidão por aquela planta mágica e difusa.

Embarquei numa jornada para conversar com Artemísia porque queria entender as plantas e a natureza de uma nova maneira. Ouvir em vez de destruir. Pedir em vez de exigir. Aprender a respeitar em vez de desconsiderar. Eu também queria descobrir por que aquilo me incomodava tanto. O que descobri foi muito mais do que algumas informações interessantes sobre uma planta aparentemente problemática. Artemísia tinha uma mensagem para mim sobre uma espécie diferente: o *Homo sapiens*. Nós, humanos, nunca vamos nos livrar de nossos "inimigos" — qualquer grupo de humanos ou pragas que nos incomodam ou de que não gostamos. Todos os genocídios, guerras, revoluções e ataques terroristas ao longo da história não erradicaram tudo o que tememos ser o inimigo. Matar um ditador não erradica ditadores. Tentar exterminar ou "limpar" um grupo étnico ou religioso não só é abominável, como também não funciona, e nunca funcionará. As raízes dos sistemas da nossa espécie e de todas as nossas etnias são profundas e fortes. Tentar eliminar um grupo, assim como tentar eliminar uma planta, é um esforço inútil. Sim, várias coisas foram extintas ao longo das eras por muitos motivos diferentes. Mas ao tentar extinguir o outro, teremos maior probabilidade de nos extinguirmos.

Um fenômeno conhecido pelos agricultores que plantam culturas geneticamente modificadas (organismos geneticamente modificados, os OGM, ou plantas feitas com bioengenharia) é que elas podem resistir à exposição a herbicidas, e quanto mais herbicida é aplicado, maiores e mais resistentes se tornam as ervas daninhas. Chamadas de "superervas daninhas", elas evoluem para resistir. Os agricultores têm de usar herbicidas ainda mais tóxicos para matá-las. Ao fazer isso, eles prejudicam ainda mais o solo, a água e a saúde de todas as espécies no planeta. Isso não significa que os agricultores (ou qualquer um, na verdade) que usam herbicidas comuns sejam pessoas más. Significa apenas que eles acreditaram numa história falsa. A mais recente supererva daninha para os agricultores é uma planta chamada *Amaranthus palmeri*. Ela cresce quase 2,5 metros de altura e seus caules têm de 5 a 7 centímetros de espessura. Cada cabeça de semente produz até 500 mil sementes. Como a propagação da *Amaranthus palmeri* pode reduzir o rendimento das colheitas em até 90%, os agricultores convencionais precisam abandonar os campos povoados pela planta, uma vez que não existem mais herbicidas que a matem. A resposta é desenvolver herbicidas ainda mais tóxicos? Artemísia estava me dizendo que não: essa é uma guerra que os humanos nunca vencerão. As plantas governam o mundo.

 Artemísia também me convidava a compreender que, embora os humanos precisem parar de tentar eliminar plantas "invasoras", também precisamos parar de odiar e de tentar erradicar grupos da nossa espécie — especialmente aqueles que não são como nós. O que a história nos ensinou, e ainda ensina, é que todos somos capazes de nos tornarmos fascistas. Quando a informação é limitada e a nossa autoconsciência é silenciada, é fácil perder o sentido do que é certo e errado. Em busca de um código moral, recorremos a palavras escritas em textos antigos. E se, em vez disso, olhássemos para a natureza? Ela nos mostra que tudo tem um propósito e que a diversidade é essencial. Portanto, cabe a nós mesmos valorizar a diferença e estar receptivos a outras perspectivas. Aprender com elas. Fazer amizade com elas. Trabalhar com elas. Essa é verdadeiramente a única maneira de encontrarmos paz uns com os outros.

 Depois da minha jornada, abordei a artemísia em meu jardim de forma diferente. Pedi com gentileza. Puxei as folhas com suavidade.

Escolhi algumas para defumar. Experimentei colocar um pouco na sopa (ficou bom). Deixei muitas crescerem onde quisessem. *Suavizei meu coração*. Agradeci. Eis que ela sumiu da área do meu jardim onde artemísias mais me incomodavam. O restante ficou contido de bom grado em alguns lugares afastados.

E se mudarmos a nossa perspectiva, parando de sentir a necessidade de controlar a natureza para desfrutar e apreciar surpresas e presentes? Quando plantas silvestres aparecem em nosso jardim, podemos resistir ao impulso de erradicá-las só porque não as compramos num vaso na loja de plantas? Sim, podemos.

E se aquilo de que precisamos para nos curar (e talvez até nos salvar) não for algo distante, fora de nós ou embalado em plástico na farmácia? E se não precisarmos de uma solução complicada de alta tecnologia? Talvez a cura de que mais precisamos esteja esperando para ser descoberta em nosso quintal. Talvez até na beira da estrada.

Selvagem. Poderosa. Livre.

Obrigada, Artemísia.

Rosa multiflora

Aquilo que fere também pode curar.

JORNADA: 13 DE MAIO DE 2021

Era Dia das Mães, e meu presente para mim mesma foi desenterrar e remover todas as plantas silvestres que brotaram na área interna do galinheiro abandonado. O galinheiro, que já abrigou galinhas-d'angola, era perfeito para a criação de pássaros, com cerca de arame nos quatro lados e até no telhado para evitar ataques de predadores vindos de cima. Havia dois galinheiros ao ar livre. Aquele com as galinhas se mantinha limpo pelas próprias aves. O outro, por sua vez, abrigava amoras silvestres, rosas multifloras, heras venenosas, agridoces orientais e outras "ervas daninhas invasoras". (Sim, sei que a artemísia me ensinou que preciso questionar o que é invasor, mas essas plantas estavam mesmo no lugar errado.)

Meu plano, depois que o galinheiro fosse resgatado das invasoras, era transformá-lo em um canteiro de frutas silvestres — com mirtilos e minhas framboesas pretas favoritas — que ficaria protegido de pássaros silvestres que comiam as melhores antes que eu pudesse colhê-las. Eu conseguia imaginar como ficaria lindo. Entretanto, tinha que começar removendo aquelas plantas.

As trepadeiras orientais agridoces cresceram para o lado de fora da cerca, entrelaçando-se na tela de arame e cobrindo metade do teto com lindas folhas. Também havia muita rosa multiflora. Decidi que infelizmente precisaria retirá-las, ou fariam muita sombra nas frutas. Cortei, puxei e desembaracei.

BAM! Um dos maiores ramos de agridoces orientais recuou e me acertou. Levei meu moletom até a boca, que sangrava. Entrei em casa e limpei a ferida. Enquanto estava lá, pesquisei o agridoce oriental e descobri que a planta tem uma longa lista de benefícios curativos — desde a resolução de problemas de pele e úlceras até a redução de tumores. Percorrendo a lista na tela do computador, falei: "OK, entendi. Desculpe."

De volta ao jardim, pensei em mudar meu plano, mas havia muitas agridoces orientais crescendo ao redor do cercado. Cortei mais alguns galhos e fui até o galinheiro para remover o último pedaço daquela bagunça afiada e emaranhada. Uma rosa multiflora gigante foi a última resistência. As multifloras fora do galinheiro saíram com facilidade. Mas aquela era, eu tinha certeza, a mãe das multifloras. A raiz era profunda e lutei contra ela como se fosse minha Moby Dick. Não adiantou. Então me desculpei e pedi com educação. Cavei cada vez mais fundo. Ainda assim, a raiz não se libertava. Por fim eu disse:

— Se você colaborar, escreverei um capítulo sobre você em meu livro.

Eu ainda nem tinha decidido escrever este livro, mas estava pronta para tentar qualquer coisa para tirar aquela desgraça.

Pop! Saiu. Então, aqui está o capítulo sobre rosa multiflora...

Uma das primeiras coisas interessantes que aprendi sobre essa planta é que ela é hermafrodita — tanto masculina quanto feminina. E sim, essa espécie é considerada invasora. Como muitas coisas que os humanos modernos consideram invasoras, a multiflora foi transportada intencionalmente entre continentes para ajudar a resolver alguns problemas. Ela foi trazida da Ásia para a América do Norte em 1850 como porta-enxerto para outras espécies de rosas. (A maioria das rosas modernas que você compra em floriculturas são, na verdade, enxertadas num porta-enxerto robusto. É por isso que, se a parte superior de uma roseira morrer, uma rosa silvestre retorcida vai crescer no lugar. Aprendi a comprar apenas rosas "cultivadas pela raiz", que são muito mais resistentes.) A rosa multiflora também foi trazida para controlar a erosão e criar cercas naturais em torno das pastagens de gado (um tema que será repetido neste livro. A maior parte das plantas invasoras foram transportadas de propósito para novos lugares por humanos que pensavam estar ajudando). Os pássaros gostam de comer os frutos da multiflora, e os matagais espinhosos protegem a vida selvagem. Mas, assim como acontece em muitas situações em que os humanos decidem controlar a natureza, a natureza assume o controle e cria novos desafios.

Um artigo sobre rosa multiflora publicado pela Penn State Extension diz:

> *Assim como outros arbustos com flores atraentes,* **a rosa multiflora persiste na nossa paisagem em parte devido à relutância dos cidadãos em remover plantas consideradas com valor estético ou valor para os polinizadores e outros animais silvestres.** *No entanto, os densos matagais monoculturais criados por essa planta degradam os ambientes naturais [sic] e reduzem a diversidade de plantas nativas e da vida selvagem.*

Coloquei em negrito a parte que considero mais interessante: ela incorpora a filosofia de quase todos os conservacionistas, ambientalistas e paisagistas que encontrei. Claro, é uma planta bonita e pássaros, animais e abelhas (e até alguns humanos) gostam dela — mas ela não *pertence* a este lugar, então precisamos matá-la! (Mesmo que a tenhamos trazido aqui em primeiro lugar. Foi mal.)

O momento era perfeito para outra jornada via Zoom na quinta-feira à noite com Lisa e a caravana. Depois de receber uma visão tão forte ao conversar com Artemísia, decidi definir minha intenção de entender a rosa multiflora e fiquei chateada com as notícias sobre uma guerra entre Palestina e Israel de novo. *De novo.* Suspirei. Então, isso também estava na minha cabeça.

O chocalho começou. Entrei na árvore e fui conduzida por um caminho. Andei até uma cabana na floresta que conhecia de jornadas anteriores. Agora, em vez de ser calorosa e acolhedora, a cabana estava escura e coberta de espinhos... rosa multiflora. Minha tataravó, uma curandeira da Lituânia que conheço apenas como "Vovó", saiu de trás da cabana.

— Olha! — bradou ela. — Isso é o que acontece quando você não cuida das coisas! — (Eu venho de uma longa linhagem de mulheres furiosas. De ambos os lados.)

Sentamos numa pedra e conversamos. Coisas de família. Tragédias desencadeadas pela raiva que ela sentia do médico que sangrou a filha dela — minha bisavó — até a morte (na época em que "sangria" era um tratamento prescrito para quase tudo). A raiva da família do meu avô por ter forçado a minha avó católica, Anna, a se converter ao judaísmo. A maldição que lançou sobre ele e seus descendentes: meu pai e meu irmão, que morreram cedo demais.

— Você me perdoa? — perguntou ela.

Sinceramente, eu já a tinha perdoado (graças à ajuda de Lisa).

— Sim, eu perdoo — respondi.

Então, pensando na minha dor pela morte dos homens da minha família, comecei a chorar.

A morte do meu avô é notória e trágica. J.I. Rodale morreu repentinamente de ataque cardíaco enquanto participava como convidado no *The Dick Cavett Show*. Meu irmão, considerado herdeiro do negócio, morreu em decorrência do HIV três dias depois do diagnóstico, com apenas trinta anos. Era dezembro de 1985, os primeiros dias daquela epidemia, e minha família estava arrasada. Cinco anos depois, meu pai, Robert Rodale, morreu num acidente de carro em Moscou. (Ele estava na Rússia para ajudar a criar uma revista de jardinagem orgânica em russo.) Toda a família Rodale e seus negócios foram lançados no caos. Minha avó Anna (neta da Vovó) sobreviveu a todos eles, morrendo após um longo período de demência, aos 95 anos. Ela nunca se recuperou do choque da morte do meu pai.

— Aqui — disse Vovó, entregando-me uma delicada xícara de porcelana com chá.

Olhei na xícara e vi uma pétala de rosa multiflora flutuando no chá dourado-claro.

— É bom para desgosto e raiva — acrescentou.

Enquanto eu bebia, as vinhas que aprisionavam a casa recuavam e, de repente, ela voltou à vida. Luzes cálidas e brilhantes irradiavam de dentro dela. O sol começou a brilhar novamente. As flores desabrocharam. Os pássaros cantaram. Tudo estava bem. Vovó começou a lavar meus pés numa tigela com água e depois fez um corte na parte superior deles. O sangue pingou na água, que ela jogou pelo chão. Isso me surpreendeu, e me perguntei por que ela tinha feito aquilo. Então, uma linda mulher negra chamada Eve (que encontrei em jornadas anteriores) saiu da cabana.

— É o sangue da mulher que cura a terra e cria as coisas — explicou ela. — Os homens lutam porque têm inveja do nosso poder. Acham que derramar seu sangue criará coisas, mas isso não acontece. Os homens são estúpidos.

Ela finalizou cuspindo no chão.

A jornada terminou de forma abrupta. Me sentei e comecei a escrever tudo. As jornadas são um pouco como sonhos vívidos — se você não os anotar, podem simplesmente desaparecer. Também acho que voltar e ler as anotações mais tarde me ajuda a compreender a mensagem completa das jornadas. Às vezes, eles só fazem sentido anos depois.

Fiquei chocada e surpresa com a raiva contra os homens. Mas aí me lembrei que a rosa multiflora é hermafrodita. Tanto masculina quanto feminina. Muitas vezes pensei que todo mundo é um pouco masculino e um pouco feminino. Todos somos capazes de ferir e curar, destruir e criar, independentemente do gênero. (Na verdade, descobri que Vovó se tornou uma atiradora de elite quando os cossacos russos invadiram a Lituânia. Os russos venceram e ela e a filha fugiram para os Estados Unidos.)

Os homens são *mesmo* estúpidos? Às vezes. Às vezes, as mulheres também são. Aqui está o que é estúpido de verdade: violência, lutas e derramamento de sangue. Pergunto: será que a elevada taxa de suicídio entre os veteranos se deve, em parte, ao trauma de testemunhar em primeira mão quão ineficaz e cruel é a guerra? Especialmente quando a guerra é injusta, como temos visto com demasiada frequência. Na nossa sociedade, muitas vezes romantizamos a guerra. As crianças gostam de brincar de guerrinha. Os adultos gostam de produzir e assistir a filmes sobre isso. No passado, era uma forma de os homens não só demonstrarem honra e heroísmo, mas também de encontrarem camaradagem com outros homens, trabalho, progresso e riqueza. E ainda é. A guerra é um grande negócio. Quanto mais pudermos assistir ao desenrolar das guerras nas redes sociais e nos noticiários, mais poderemos reconhecer seu terrível desperdício e horror. A guerra é um negócio muito ruim no qual se envolver e uma maneira estúpida de resolver conflitos. Bombardeamos as casas das pessoas e matamos civis, destruindo hospitais, escolas e aldeias, e depois ficamos surpresos e chateados quando a imigração e o terrorismo se tornam um problema.

Sim, há circunstâncias em que precisamos nos proteger (especialmente os nossos filhos). Os espinhos ajudam nisso. Mas aquilo que tem espinhos também pode, às vezes, curar. A rosa multiflora ainda é uma *rosa*. E uma xícara de chá de rosas multiflora é rica em vitaminas C e E.

Uma xícara de chá e seus nutrientes não ressuscitarão meu avô, meu pai e meu irmão. Minhas lágrimas também não vão fazer isso. Entretanto, acredito que o trabalho que faço para curar meu coração continuará beneficiando meus filhos, os filhos deles e os filhos dos filhos deles. Usarei meu sangue para criar algo. Algo bom. Para o benefício de todos.

Meu galinheiro selvagem e cheio de ervas daninhas agora é o próspero canteiro de frutas silvestres que imaginei. Há mirtilos e framboesas pretas e uma velha cadeira de madeira para sentar enquanto se come frutas ou toma uma xícara de chá. A mata ao redor está repleta de rosas multiflora (e agridoces orientais), onde elas podem ficar felizes, alimentando pássaros e abelhas e protegendo todas as coisas selvagens, inclusive eu.

Obrigada, Rosa multiflora.

Abutre

Você não é o seu corpo.

PRIMEIRA JORNADA: POR VOLTA DE 2014
SEGUNDA JORNADA: 25 DE JANEIRO DE 2022

Os abutres e eu temos um lance. No topo dessa pequena montanha onde moro, sempre há muitos deles. À primeira vista, os abutres podem parecer assustadores ou ameaçadores, com cabeças vermelhas "feias" e o trabalho sujo de se alimentar de coisas mortas. Mas eu os amo. Porque, sem eles, o mundo teria cheiro de morte, que é horrível. Mas me pergunto se há mais do que isso. Me pergunto se os abutres também limpam a energia espiritual morta que liberamos em momentos de estresse, mudança ou trauma emocional.

Essa possibilidade me ocorreu pela primeira vez há muitos anos, quando meu marido e eu estávamos sentados no sofá da varanda constatando que nosso casamento havia acabado. A dor era palpável. A dele, por ter sido rejeitado. A minha, por magoar nossa família. A nossa, por perceber o que nunca aconteceria em nosso futuro — bodas, companhia na velhice. No meio da conversa, dezenas de abutres de repente começaram a circular lá em cima — crocitando tão alto que tivemos que parar de falar. Lembro que pensei neles se reunindo para limpar a carcaça do nosso casamento. Naquela época, eu tinha apenas começado minha busca pela compreensão do lado espiritual da natureza, mas nisso eu reparei.

Alguns anos depois, comecei a fazer jornadas, o que foi sempre bom, exceto uma vez. Houve apenas uma vez que saí de uma antes do fim porque estava com medo. Sim, você pode interromper uma jornada se quiser. Você está sempre no controle. É só refazer seus passos e voltar por onde entrou. Desde então também aprendi que posso dizer a algo para ir embora ou fugir. (Embora eu não soubesse disso naquela época, então só abri os olhos e me sentei.)

Nessa jornada, me encontrei em um lugar escuro e árido, cheio de ossos e poeira ressecada. Os abutres estavam por toda parte, fazendo cocô branco em tudo (o cocô deles, descobri mais tarde, esteriliza suas patas, o que é útil porque elas entram em contato com muitas coisas mortas e em decomposição). Eu já estava com medo, e aí um enorme homem-dragão mascarado, coberto de escamas pretas e com gigantescas asas pretas brilhantes, surgiu do chão diante de mim. Foi nesse ponto que eu disse "Ah, merda, preciso sair daqui", então abri os olhos e me sentei.

Depois disso, a imagem do homem-dragão de asas pretas me assombrou. Procurei informações sobre essa figura on-line e descobri que era como Quetzalcoatl, o deus-serpente emplumado dos astecas. Ou o que os maias chamavam de Kukulkan. Ou poderia ter sido apenas um grande homem-dragão. Seja o que for, me deixou apavorada.

Na época, eu não entendia nada sobre jornadas. Mas, pensando bem, agora faz mais sentido. Eu estava lutando para descobrir como salvar o negócio da família, mas todos os esforços levavam a becos sem saída.

Em 2009, pouco antes de minha mãe morrer de câncer, me tornei CEO da Rodale, Inc. O que começou como uma pequena empresa familiar na década de 1940 se tornou uma editora internacional (publicávamos a revista *Men's Health* em 99 países). Só que, no século XXI, o potencial da internet e dos mecanismos de busca era uma novidade brilhante para todos, oferecendo aos empresários fantasias de se tornarem bilionários, aos anunciantes segmentação e alcance ilimitados e aos clientes conteúdo ilimitado... *de graça*. A Rodale Inc. teve que competir com startups impetuosas que não tinham qualquer bagagem histórica de infraestrutura nem restrições de rentabilidade (graças a investidores tecnológicos oportunistas focados em estratégias de saída) e sem aposentadorias para financiar. Mesmo diante desses desafios, meu objetivo era ser uma boa líder para a empresa e depois passá-la para a próxima geração.

No entanto, eu estava começando a suspeitar de que os tópicos nos quais as publicações Rodale se concentravam e que geravam mais lucro — perda de peso, dietas, exercícios intensos e aconselhamento médico apoiado por publicidade de farmacêuticas — não eram tudo o que pareciam ser. E apesar de eu adorar livros e revistas de jardinagem, as pessoas não os compravam mais. O que me parecia mais verdadeiro era que viver e comer *com moderação*, combinado com uma dose saudável de prazer, alegria e amor, era o que levava a uma vida longa e produtiva, sem monitorar obsessivamente o que você comia ou deixava de comer, quanto se exercitou ou quão magro era. Eu estava em busca da resposta para "O que é certo?". Como eu e nossos clientes podemos viver uma vida longa, saudável e alegre, dando a melhor contribuição para a humanidade enquanto estamos aqui?

Os funcionários me perguntavam o tempo todo qual era a minha "visão" para o futuro. Fiz pesquisas. Conversei com pessoas dentro e fora da empresa. Analisei todos os nossos dados de clientes e de mercado. Então fui até a floresta para meditar e encontrar minha visão. O problema era que o futuro que eu imaginava não se enquadrava no DNA da empresa. E, por meio da minha investigação, ficou bem óbvio para mim que se os humanos não mudassem o próprio comportamento como espécie, o ambiente se tornaria inabitável para a humanidade, mais cedo ou mais tarde. A natureza ficaria bem; seríamos nós os extintos. Mais publicidade ou barriga tanquinho não resolveria nenhum desses problemas.

Todos na Rodale estavam frustrados e assustados com o que estava acontecendo, e muitas pessoas me culparam. Aprender a proteger a mim mesma e à minha energia se tornou uma prioridade. Era isso que eu estava enfrentando quando o abutre apareceu em minha jornada, e eu não estava pronta para encarar o que ele tentava me mostrar.

Anos mais tarde, depois de ter sido tomada a difícil, mas unânime decisão (a pedido da próxima geração) de vender o negócio a uma editora muito maior, passei a compreender aquele encontro xamânico com o "homem-dragão" como um prenúncio. Ele era um símbolo de morte e ressurreição, além do poder que eu tinha — se e quando decidisse exercê-lo.

A história dos abutres está repleta de significados mistos, e eles são associados a tudo, do mal à santidade — e quase sempre à morte. Na verdade, algumas culturas realizam "enterros no céu", deixando os cadáveres no topo das montanhas para serem devorados por abutres. Acredita-se que essas aves levarão as almas dos que partiram para o céu — e também é uma maneira sensata de se livrar dos cadáveres em locais onde o enterro ou a cremação são difíceis ou muito caros. Nosso medo de abutres reflete nosso medo da morte. Eles são inofensivos, simplesmente fazem o trabalho deles, e não vão te machucar ou matar. Eles só vão te comer se você já estiver morto.

Um dia, eu estava caminhando na floresta com um homem que caçava cervos com arco e flecha. Ele queria me mostrar onde pretendia colocar um banco de caça. Chegamos a uma enorme formação rochosa e, repousados em cima dela, como numa cena de filme de terror, havia vários abutres. Percebi que eu também proporcionava um bom lar para eles e me senti grata. Eu os honrei e sorri. Eles fazem um trabalho importante no ecossistema. Nós nos tornamos amigos.

E agora a história do abutre se torna mágica...

No verão de 2021, convidei Lisa para discutir algumas dúvidas que eu tinha sobre meu futuro e sobre a escrita deste livro em particular. (Deveria escrever? Ou não deveria?) Passei grande parte dos três anos anteriores deixando o passado para trás e descobrindo quem eu queria ser depois de me libertar do mundo dos negócios. Eu me sentia pronta para começar algo novo e queria a orientação e visão dela sobre o caminho a seguir. A jornada da artemísia plantou a semente de que poderia ser divertido escrever um livro com um título tipo *12 ervas daninhas horríveis e terríveis e o que elas querem nos dizer*. Senti que estava num ponto de virada e ansiava pelo conselho de Lisa. Ela era a única pessoa que compartilhava do meu elevado interesse em jornadas.

Ela pediu para me encontrar num lago próximo — um lugar onde eu só havia estado uma vez. (Não é permitido nadar nesse lago, então a área estava deserta.) Cheguei cedo e passei o tempo catando lixo, que, infelizmente, era muito. (Decidi manter as duas arminhas de água que encontrei para o caso de precisar me defender um dia.)

Estava muito quente e úmido, mas encontramos uma mesa de piquenique na sombra, bem perto da água. Em poucos minutos, quatro abutres pretos com cabeça vermelha voaram. Três deles pousaram na mesa de piquenique ao lado da nossa e nos encararam com curiosidade. Um pousou na árvore acima de nós. Eles se convidaram para o nosso encontro!

— Morte e renascimento — comentou Lisa, sorrindo.

Esse é o simbolismo xamânico tradicional do Abutre. Nosso trabalho juntas foi abençoado pelas aves. Elas ficaram por um tempo e depois voaram para longe. Depois de ter descarregado as minhas dúvidas, preocupações e questões para serem "cobertas com cobertura morta", Lisa se levantou e foi até o que parecia ser um pedaço de lixo. (Eu tinha certeza de ter pego tudo antes.)

— Achei que fosse isso — disse ela, pegando uma grande e linda pena marrom de abutre.

Nós sorrimos.

A natureza é incrível. Como não amar? Mantenho essa pena ao lado do meu computador, onde escrevo, como um lembrete da bênção que recebi.

Aquele encontro com Lisa e os abutres me deu coragem para conversar com outras pessoas sobre essa estranha ideia de livro que tive. Meu caminho se tornou mais claro.

Só que verdade seja dita: quanto mais eu me aventurava no caminho da escrita deste livro, mais percebia que nunca havia completado minha jornada até Abutre. Meu medo me fez desistir cedo. Abutre até apareceu numa de minhas jornadas para me lembrar que tínhamos negócios inacabados juntos.

Eu sabia que teria que viajar novamente.

Mas, antes de compartilhar essa jornada com você, preciso explicar o desmembramento. Faz parte das muitas semelhanças encontradas entre culturas no ato de viajar. Por exemplo, muitas das jornadas que fiz sozinha pareciam bizarras até ler o livro *Jornada xamânica: um guia para iniciantes*, de Sandra Ingerman. Nele, encontrei nomes e explicações para muitas coisas que havia experimentado e não conseguia entender. Um deles foi o desmembramento. ("Ah, então foi *isso!*" Dei um tapinha na testa quando li a respeito.) Michael Pollan fala sobre desmembramento em seu livro *Como mudar sua mente* quando descreve o corpo (e o ego) experimentando a morte durante uma alucinação enquanto ainda está consciente. Mas ele as chama de experiências de "dissolução do ego". Na verdade, não importa como chamamos, mas posso garantir que morri dezenas de vezes durante as jornadas e ainda estou viva para contar a história. Só é estranho nas primeiras vezes. O importante a saber sobre o desmembramento é que você não sente nenhuma dor.

Até agora eu estava majoritariamente viajando sozinha, então abri o espaço sagrado como costumo fazer. Pedi proteção e discernimento e agradeci enquanto batia um tambor e me "pari" numa oficina de parto de tambor. O tambor tem um som profundo que muda com o clima e as estações. Sinto que tocar acorda meu conselho de anciões e guias espirituais e lhes diz que é hora de virem se divertir comigo. Esse toque de tambor faz parte de como abro o espaço sagrado, mas não toco mais durante minhas jornadas e não recomendo isso — é muito difícil de se concentrar. Viajar é um ato de entrega total.

Larguei o tambor e peguei a pena que o abutre (e Lisa) me deram de presente. Iniciei o aplicativo de sons de tambor.

Você está prestes a ler uma jornada sobre desmembramento...

Imediatamente me vi de volta ao mesmo lugar onde havia parado anos atrás. Eu estava numa terra árida, queimada, vazia e arenosa. O GIGANTE homem-dragão preto? Criatura? Ainda estava lá. Tinha o corpo de uma cobra preta e grossa, com coisas pontudas descendo pelas costas como um dragão, e enormes asas pretas brilhantes emplumadas, mas o rosto era de um homem com uma máscara preta e orelhas de gato. Ele girou e se contorceu como se estivesse tentando me assustar. Mantive a posição. Essa não era a minha primeira vez e agora eu conhecia as regras (ou assim pensei). Ele soprou fogo em mim e me queimou até eu tostar. Tudo bem, pensei. Estou morta. Os abutres vieram me comer e começaram a voar em direções diferentes com meus ossos para levar de volta aos seus ninhos. Espera! De repente, me senti realmente desmembrada. Eu não tinha forma alguma, embora minha consciência ainda estivesse ali, no mesmo lugar onde meu corpo e meus ossos estiveram.

— Você não é o seu corpo — disse o dragão, com uma voz firme e autoritária.

Ele me incitou a subir em suas costas, e assim o fiz. Como eu não tinha mais corpo, parecia um contorno transparente de mim mesma. Ele voou alto, através de duas membranas atmosféricas. À medida que passávamos por cada uma, a cor mudava para refletir o ambiente, primeiro cinza, depois branco.

Pousamos numa extensão plana e nevada. O dragão, agora branco, não tinha mais rosto de homem, e sim rosto de raposa ártica (só que maior). Eu não tinha certeza do que fazer.

— Quanto mais amor você sentir, maior e mais brilhante será sua energia. Quanto menos amor sente, menor e mais fraca é a sua energia — disse ele, se afastando.

Isso fazia sentido para mim, mas eu ainda não tinha certeza do que fazer. Então, me joguei de volta na neve (e não senti frio). Enquanto eu estava ali deitada, abutres brancos circulavam acima de mim. Eles desceram e comeram meu corpo energético. Tudo o que restou foram cristais brilhantes reluzindo na neve. Eu me senti flutuando no espaço e me tornei uma estrela no céu. Ou pelo menos foi o que pareceu. Foi pacífico e tranquilo. Outra estrela flutuou até mim e unimos nossa energia. Um pássaro branco voou entre nós e desceu para a terra. De repente, eu era um bebê nos braços de alguém, sob o sol brilhante de um dia de neve. Eu tentava lembrar quem eu era e de onde vinha, mas não conseguia. Não conseguia me lembrar de nada. Mas então olhei e vi um abutre. Me lembrei do abutre. O abutre era a única coisa familiar.

E de repente a jornada acabou.

Nós não somos nossos corpos.

Quero dizer, nós somos. Mas não somos.

Acho que Abutre quis dizer que a *energia* é a parte verdadeiramente duradoura de nós. Ela pode assumir todas as formas. (Primeira lei da termodinâmica: a energia não pode ser criada ou destruída, só pode ser transferida ou convertida de uma forma para outra.) Essa jornada também falou de reencarnação, na qual estou inclinada a acreditar.

Mas a verdadeira mensagem era sobre o amor. Quanto mais amor sentirmos, maior e mais brilhante será a nossa energia. Quanto menos amor sentirmos, menor e mais fraca será a nossa energia. Quanto tempo passamos nos preocupando com peso, pressão arterial, ressentimentos, ciúmes, celulite, status, contas bancárias, queixas políticas e pessoais? O que aconteceria se passássemos mais tempo concentrados em sentir amor?

Acho que se concentrar no sentimento de amor significa a pesagem das almas, o antigo conto egípcio do julgamento após a morte. No Egito, o *coração* era considerado a sede do espírito, e Ma'at, a deusa da verdade, da justiça e da ordem universal, pesava o coração de cada pessoa que morria. Se fosse mais pesado que uma pena, ela rejeitaria a alma, que seria então comida por Ammit, o devorador de almas (que, aliás, parece mais um cachorro do que um abutre). Se o coração fosse leve como uma pena, essa pessoa poderia continuar para o próximo mundo. Isso me ajudou a entender outra coisa dita pelo homem-dragão: que aqueles que são menos serão os mais, e aqueles que são mais serão os menos. Ele não estava falando sobre peso corporal.

Que fardos do nosso coração podemos abandonar?

Preocupar-se com nossa aparência e peso.

Encontrar falhas em pessoas que são diferentes de nós — seja por elas parecerem diferentes, amarem de maneira diferente, cultuarem de maneira diferente, votarem de maneira diferente ou virem de algum lugar diferente de nós.

Julgar os outros e pensar que todos estão errados porque, claro, nós estamos sempre certos.

Ferir os outros porque nos sentimos feridos.

Ter medo da morte.

A lista não tem fim.

Para que nosso coração seja leve como uma pena, ele deve estar repleto apenas de amor. Então poderemos voar através de níveis e vidas, aprendendo, amando e desfrutando da magia do universo com nosso coração leve como uma pena. Uma pena de abutre!

Parece divertido para mim. Estou dentro.

Obrigada, Abutre.

Morcego

Respeite os limites.

JORNADA: 29 DE JULHO DE 2021

Quando eu era criança, nas noites quentes de verão, meu irmão mais novo e eu corríamos e brincávamos no quintal até escurecer, o cheiro de grama em nossos pés e nossos rostos queimados pelo sol. Uma de nossas brincadeiras favoritas era jogar pequenos punhados de cascalho no ar e observar os morcegos descerem em busca das pedrinhas achando que eram insetos para comer.

Hoje eu me arrependo da possibilidade de ter feito um morcego engasgar com um pedaço de cascalho. Não queria machucar nenhum deles. Os morcegos me fascinavam mais do que me assustavam. Até hoje, se alguém fala que tem um morcego em casa, eu digo para abrir uma janela ou porta, pegar um pouco de farinha ou fubá e jogar pela janela, e o morcego vai voar atrás disso. Tentei uma vez e funcionou.

Sei que há morcegos na minha propriedade por causa das fezes. Eles são tão pequenos que, mesmo que eu espie onde estão aninhados no teto marrom-escuro da varanda, não consigo vê-los. Mas, com certeza, todos os anos suas pequenas pilhas de excrementos aparecem nos mesmos lugares — bem acima da porta da frente, num canto da varanda lateral e sob a varanda da piscina.

Só encontrei um morcego de perto, cara a cara, depois que ele caiu na minha piscina. Enfiei um pedaço de pau na água e o morcego o pegou com suas garrinhas minúsculas. Como estava molhado, ele não conseguia voar, o que me deu a oportunidade de estudar a criaturinha. Ele mostrou seus dentinhos brancos e afiados para mim junto com um chiado, como um gato. Os olhos muito pretos e o nariz pontudo me lembraram do meu cachorro da época, um pastor belga preto (só que menor, é claro). Depois de secar ao sol por algumas horas, o morcego voou. Gosto de pensar nesse resgate como uma pequena reparação por todas as iscas de cascalho que fiz quando era criança.

Fico feliz em hospedar morcegos porque eles comem mosquitos. Quando as pessoas me visitam, sempre me questionam quando anoitece e quase não há mosquitos.

— Como não tem mosquitos por aqui?
— Porque eu tenho morcegos — respondo, confiante.

Comecei a querer saber mais sobre eles. Meus morcegos são os mesmos todos os anos? Para onde eles vão no inverno? Procurei respostas e descobri que os morcegos podem viver de vinte a quarenta anos. São o único mamífero que pode voar, e eles amamentam os filhotes. Eles podem comer o equivalente a seu peso em insetos todas as noites.

Não tenho certeza para onde os morcegos do meu jardim vão no inverno. Talvez se escondam em algum lugar da casa. Alguns morcegos hibernam (no que é chamado de hibernáculo, o que me parece adorável), geralmente em cavernas rochosas ou árvores antigas. Outros migram para climas mais quentes. Seja lá para onde vão, toda primavera, quando vejo as pequenas pilhas de excrementos (que são um bom fertilizante), fico grata por terem retornado. Ou despertado.

Nem todos os morcegos comem insetos. Na minha primeira noite na Austrália, sentada num restaurante ao ar livre de um hotel em Byron Bay, vi o que pareciam ser enormes corvos ou falcões voando, mas com o formato único de asa de morcego. Eram morcegos de uma espécie conhecida como "raposa voadora", com a envergadura das asas podendo chegar a 1,80 metro. Mas essa espécie não come mosquitos, e sim frutas, néctar e pólen. Na verdade, são polinizadores importantes (especialmente para bananas, mangas, cacau e abacates — que são coisas igualmente importantes). À medida que o Cruzeiro do Sul emergia do céu escuro e os morcegos gigantes voavam de árvore em árvore, eu tive certeza de que não estava mais na Pensilvânia.

Nunca entendi a ideia de morcegos como criaturas a temer. Existem seres reais a temer: estupradores e pedófilos (muitos dos quais se escondem atrás do manto de respeitabilidade fornecido por igrejas, política e negócios), assassinos, agressores, criminosos violentos, líderes autoritários cruéis que iniciam guerras desnecessárias. Os morcegos não são nenhum desses. Na verdade, historicamente falando, só há uma coisa que mata mais humanos do que humanos matam humanos: os mosquitos — algo que, como já disse antes, os morcegos gostam de comer. Os morcegos podem ser encontrados em casas abandonadas assustadoras, onde tragédias terríveis talvez tenham ocorrido no passado — mas o que quer que tenha acontecido lá, não é culpa deles. Existem pelo menos 1.400 espécies de morcegos, e mesmo o mais assustador deles, o morcego-vampiro, nunca matou intencionalmente um ser humano.

Nos primeiros dias da pandemia, os morcegos foram responsabilizados como a fonte do vírus da covid-19. Talvez nunca saibamos se isso é verdade ou não. As últimas descobertas (até o momento em que escrevi este livro) apontam para o surgimento do vírus em um *wet market* (mercado úmido, em tradução literal) de Wuhan, na China, onde muitos animais silvestres são vendidos. A investigação sobre o que causou a pandemia continuará por anos. Mas não vamos colocar a culpa toda nos morcegos. Quando a natureza é tratada com respeito *e distância*, os animais têm menos probabilidade de causar pandemias, onde quer que sejam encontrados. Quando os alimentos são cultivados e manuseados com cuidado e limpeza, é menos provável que causem qualquer tipo de doença.

Em muitas tradições xamânicas, os morcegos, assim como os abutres, representam a iniciação, ou morte e renascimento. As pessoas temem a iniciação e a morte porque isso envolve abandonar o antigo e entrar em algo novo e desconhecido. Talvez o morcego seja o símbolo perfeito para os tempos modernos, porque a natureza está nos forçando a mudar a forma como vivemos — e não de maneira suave. Inundações, pandemias, incêndios, ondas de calor, "eventos de derretimento", excesso de dióxido de carbono e outros gases tóxicos invisíveis na atmosfera... São tempos assustadores. É normal sentir medo. Mas o morcego nos diz que existe vida na escuridão, e comida e nutrição também. Quando a manhã surgir e a luz voltar, poderemos descansar.

Antes de compartilhar minha jornada com Morcego, preciso explicar algo importante. Na raiz do mundo xamânico existem três níveis: o Mundo Inferior, o Mundo Médio e o Mundo Superior.

O Mundo Inferior, ou Submundo, é onde vivem nossos guias espirituais animais e humanos e onde nosso subconsciente vagueia. É um ótimo lugar para começar. Entrar no Mundo Inferior começa com uma sensação de descida. Você pode pular, andar, voar, deslizar ou encontrar outra maneira de entrar. Não é o inferno, embora você possa encontrar fogo, água ou situações desafiadoras. Se você tiver alguma preocupação ou dúvida enquanto estiver no Mundo Inferior, pode fazer perguntas às pessoas que encontrar. Como diz Lisa: "É sempre importante fazer perguntas a quem/o que quer que você encontre. Esta é definitivamente uma das minhas regras. Pode haver truques envolvidos no Mundo Inferior. Não é um 'lugar feliz' sem perigo. Sim, estamos no controle — se soubermos o suficiente para *fazer perguntas* e manter os limites, e lembrarmos que sempre podemos mandar o que nos assusta embora."

Viajei por muitos anos antes de perceber que poderia falar e fazer perguntas durante a jornada. Eu gostaria de ter sabido antes, mas, mesmo não sabendo, ainda tive experiências incríveis e esclarecedoras que me deram ótimos insights.

O Mundo Médio é este mundo em que vivemos conscientemente todos os dias, mas de forma energética. Você pode acessá-lo saindo pela porta de casa ou de um lugar que você conheça. No entanto, quando acessado através de jornadas, o Mundo Médio é muito diferente do mundo cotidiano. Lá, os humanos são capazes de se comunicar com a essência espiritual dos seres (como a terra, as pedras, as árvores, as plantas, os animais).

O Mundo Superior é onde encontramos mestres ascensionados, professores espirituais evoluídos e outros seres iluminados. Esse mundo me parece diferente do Mundo Médio ou Inferior; é mais leve, mais etéreo. Na minha experiência, muitas vezes está cheio de arco-íris. Para chegar lá você pode subir numa árvore ou escada ou voar de alguma forma. Já peguei um elevador uma ou duas vezes.

Em termos simples, segundo Alberto Villoldo em *The Wisdom Wheel* [A roda da sabedoria, em tradução livre]: "No Mundo Inferior, podemos acessar a antiga sabedoria dos ancestrais e curar o passado. No Mundo Superior, podemos interagir com o futuro, com o nosso devir e com os guias que querem nos ajudar a trilhar um caminho para um amanhã melhor do que aquele que parecemos fadados a experimentar. No Mundo Médio está o reino das experiências atuais e comuns."

Cada um desses mundos é completo, incluindo terra, mar, céu e espaço. Quando viajo, nem sempre sei qual mundo vou visitar. "Você deve, no entanto, partir com a intenção de ir para um mundo específico", diz Lisa. "Se a resposta ou reação à pergunta está num mundo diferente do que você esperava, o Espírito vai informá-la." Costumo deixar uma jornada acontecer naturalmente. Às vezes desço, às vezes subo e às vezes começo exatamente onde estou. É fácil navegar por esses mundos diferentes e entre eles. Muito mais fácil do que viajar na vida real. Ou pelo menos essa tem sido minha experiência. Esta jornada envolve jornadas entre mundos. Às vezes (muitas vezes), as jornadas não são o que penso que serão. Esta foi uma delas.

Entrei numa caverna — uma caverna de morcegos, por assim dizer. Por dentro, uma mulher das cavernas atarracada e desalinhada estava sentada perto do fogo, acenando para que eu me sentasse (ela mantinha os olhos baixos). Eu me sentei. Ela me entregou algumas folhas dobradas e cortadas para comer. Eu comi. Imediatamente caí para trás e encolhi até ficar do tamanho de uma fada. Um morcego apareceu e me disse para subir nas costas dele. Fiquei com um pouco de medo, mas ele insistiu. Voamos e pude ver pela perspectiva dele — era como voar através de uma grade elétrica que dobrava, empurrava, curvava e puxava pela escuridão. Parecia uma teia de aranha branca e brilhante contra uma escuridão tão profunda quanto o espaço. O morcego me trouxe de volta à caverna, onde havia outro grande morcego pendurado de cabeça para baixo. Ficou evidente para mim que era minha chance de falar com ele. Acho que também devia estar pendurada de cabeça para baixo, porque tive a sensação de que o morcego e eu estávamos ambos "com o lado certo para cima".

No começo, eu apenas sentei (ou me pendurei) e ouvi. Morcego me disse que nós, humanos, estávamos invadindo e destruindo seu habitat, e que os demais morcegos só queriam fazer o que tinham de fazer e terminar o trabalho. Como se houvesse um filme passando na parede da caverna, ele me mostrou a Congress Avenue Bridge, em Austin, Texas, onde vivem muitos morcegos (é uma grande atração turística). Eu já tinha visto o local algumas vezes, então o reconheci imediatamente. Ele também me mostrou os telhados das minhas varandas e me incentivou a dizer às pessoas para construir mais pontes e habitats para morcegos.

Nas jornadas anteriores, me senti mais como uma simples observadora, mas agora, pela primeira vez durante uma jornada, percebi que podia falar e fazer perguntas. Então, perguntei algo como "O que os morcegos fazem pelos humanos?", o que deixou Morcego irritado.

— É sempre sobre vocês, vocês, vocês. Humanos são como um monstro que destrói tudo pelo caminho. — Enquanto ele dizia isso, vi em minha mente uma criatura parecida com o Godzilla caminhando pela natureza. — Então criam esses super-heróis de fantasia para se entreterem e fingirem que estão salvando o mundo. Não somos super-heróis. Somos mães. Temos filhos. Vocês entram em nossas cavernas para se divertir e nos deixam doentes. Vão se foder! Queremos apenas ficar sozinhos para fazer nosso trabalho. Nos deixem em paz.

E ele não tinha terminado.

— Tomamos seu sangue porque comemos mosquitos que sugam o seu sangue, e seu sangue é um *lixo*. Está cheio de toxinas e opioides. Nos deixou doentes, então agora estamos deixando vocês doentes. Nos deixe em paz. Queremos apenas fazer o nosso trabalho.

— Qual é o nosso trabalho como humanos? — perguntei.

— Não posso responder isso, mas talvez seja aprender a viver em harmonia com a natureza — respondeu Morcego. — Estou cansado, me deixe em paz.

O sol estava nascendo e todos os outros morcegos voltaram.

De repente, eu estava outra vez junto ao fogo com a mulher das cavernas. Ela se levantou, me esfaqueou, tirou meu coração e comeu. Então, ela arrotou e adormeceu. Os abutres vieram comer o que restou de mim. Observei sem sentir medo, sabendo que se tratava de mais um desmembramento. Suspirei. Fui puxada para o Mundo Superior. A cena estava repleta de arco-íris e eu podia sentir espíritos angelicais ao redor, embora não conseguisse ver seus rostos ou discernir quem eram. Eles me disseram para encontrar coragem para falar pela natureza. Então me beijaram na testa e me mandaram de volta ao meu corpo.

Eu acordei.

Morte.

Renascimento.

Falar pela natureza.

Esses são temas recorrentes em minhas jornadas xamânicas. Foram mensagens surpreendentes para mim. Quanto mais viajo, mais percebo que os seres da natureza têm uma perspectiva muito diferente da minha como ser humano. Me sinto honrada pela honestidade e confiança em mim para passar a mensagem adiante.

Somos uma espécie egoísta, como crianças pequenas que deixam um rastro de destruição onde quer que vão e esperam que todos os outros atendam às nossas necessidades sem que peçamos. Até eu! Depois da jornada, percebi que nunca havia perguntado a Morcego qual era o propósito dos *morcegos*, apenas presumi que fosse comer insetos. E é verdade que o sangue humano, tal como as águas, o solo e o ar da Terra, ficou poluído com toxinas, lixo e resíduos das nossas tentativas de nos distrair, entorpecer e entreter. Talvez o nosso sangue tóxico tenha enfraquecido os morcegos, deixando-os mais vulneráveis à síndrome do nariz branco, que os tem matado em muitas partes da América do Norte. Sempre procuramos culpar outra coisa ou outra pessoa. E se formos nós os culpados?

Morcegos. Precisamos deles mais do que eles precisam de nós. Por favor, deixe-os em paz. Respeite os limites. Saiba também que não existem fronteiras entre nós. É por isso que precisamos aprender a viver em harmonia com a natureza.

Obrigada, Morcego.

Coelho

Aproveite o prazer enquanto pode.

JORNADA: 1º DE AGOSTO DE 2021

Observei uma raposa jovem e alegre saindo do meu quintal com um coelho morto e flácido pendurado na boca. "Bom trabalho", pensei. "É assim que deve ser."

Mas os coelhos são tão fofos! Coelhinhos são adoráveis, a coisa mais fofa. Isto é, até que comam as ervilhas, os feijões, as alfaces, os bulbos e as flores que você plantou. Então, você pode sentir coisas desagradáveis e sombrias. Talvez até deliciosas.

Os coelhos não comem só plantas, eles também roem a cerca de plástico que coloquei ao redor do meu quintal para manter os cervos fora e as galinhas dentro. Então agora eu perco galinhas para as raposas, porque as galinhas não são tão hábeis em escapar delas como os coelhos.

Os coelhos são uma ameaça.

Na Austrália, são uma *verdadeira* ameaça. Os colonizadores brancos importaram coelhos europeus para alimentação e caça em 1800, levando a uma das introduções mais destrutivas da história de uma espécie não nativa. Como você já deve ter ouvido falar, eles são muito bons em reprodução. Uma fêmea pode gerar várias ninhadas por ano, com um a 14 filhotes por ninhada. Isso equivale a sessenta filhotes por mamãe coelha por ano. Em 1920, havia mais de *10 bilhões de coelhos* na Austrália, comendo colheitas, gramíneas e sementes de árvores e destruindo o habitat dos *bilbies*, *wallabies* e vombates nativos (espécies de marsupiais, todos muito fofos). O governo australiano construiu "cercas à prova de coelhos" em todo o país para evitar que os coelhos destruíssem absolutamente tudo. Uma cerca à prova de coelhos tem que ser feita de metal rígido, porque, do contrário, eles a comerão e continuarão com sua destruição voraz tão característica. (No filme *Geração roubada*, baseado em fatos reais, três jovens aborígines que foram tiradas das mães e forçadas a frequentar uma escola de conversão liderada por brancos escapam e seguem a cerca à prova de coelhos até suas casas. Vale *muito* a pena assistir.) A Austrália até introduziu coelhos infectados com vírus e outros organismos causadores de doenças para controlar as populações. Tal como acontece com a maioria dos esforços de controles não naturais, porém, essa campanha se revelou um fracasso. Os coelhos desenvolveram resistência. Controles naturais — isto é, predadores, principalmente raposas e gatos — também foram introduzidos, o que me leva à pergunta: será que três erros fazem um acerto?

Minha gata adorava comer coelhinhos. No início, quando minha família e eu ouvíamos o pobre bebê buzinando como um brinquedo de apertar, corríamos e tentávamos salvar o coitadinho e chorávamos ao ver o corpinho fofo. Mas quanto mais eu pensava nisso, mais percebia que minha gata estava cumprindo o propósito dela.

Sim, eu deixo minha gata sair de casa. Pumpkin Shirley não seria detida. Nunca. Dizem para não deixar os gatos saírem de casa porque podem matar pássaros. Na minha casa, o que os mata são as janelas. Pumpkin mata coelhinhos e esquilos, seus favoritos (igualmente fofos). Quando Pumpkin completou dezoito anos, pensei em todos os sacos e latas de comida de gato vazios e em toda a areia para gatos que minha família adicionou ao fluxo de lixo por causa dela. Isso me fez questionar se alguém deveria ter um gato de estimação dentro de casa. Os gatos servem a um propósito predatório, e as presas são camundongos, ratos, coelhos, esquilos ou pássaros. Tudo come. Em última análise, tudo quer cumprir o seu propósito. E a Pumpkin era muito, *muito* fofa.

Nós, jardineiros, sabemos que controlar intrusos é uma das nossas principais tarefas, mas isso não torna as coisas fáceis. As cercas funcionam até serem mastigadas por alguma criatura. Vasos e áreas de plantio elevados serão minha próxima tentativa de evitá-las. Você talvez pense que eu já devia estar mais esperta do que isso, mas plantei vagens em meus canteiros ao nível do solo e os coelhos as comeram até o talo. Como pude esquecer de uma estação para outra que os coelhos sempre comerão feijões e ervilhas? Felizmente tive uma colheita seguinte incrível porque plantei as ervilhas — isso mesmo — num canteiro *elevado*.

Ervilha-torta direto do pé é um dos melhores alimentos já inventados e meu favorito disparado. Eu as cultivo porque raramente consigo encontrá-las em supermercados locais. Nos meus primeiros dias de jardinagem, depois de anos falhando contra os espertos coelhos da pequena cidade de Emmaus, Pensilvânia, projetei um protetor de ervilhas — uma cerca móvel com treliças embutidas (porque as ervilhas precisam escalar). Construir aquele protetor de ervilha custou mais do que todas as ervilhas que eu poderia cultivar, mas valeu a pena porque protegeu meu lanche favorito dos coelhos. Não sobreviveu à mudança do jardim para o topo da colina e era ridiculamente elaborado demais para construir outro.

Sim, às vezes a jardinagem é cansativa.

Como que para zombar ainda mais de mim, enquanto escrevia este capítulo, uma noite fui até o galinheiro "colocar minhas galinhas para dormir" depois de passarem o dia ciscando no pomar cercado. Quando cheguei ao galinheiro, notei que três galinhas estavam do lado de fora da cerca. Eu as trouxe de volta (minhas galinhas são muito mansas e me deixam pegá-las). Mas, ao juntá-las, percebi que faltava uma. Saí da cerca para investigar e vi um coelho pular por um grande buraco recém-roído na cerca de plástico. (Que estávamos remendando e remendando — esse buraco estava a 30 centímetros do chão!) O coelho saiu correndo, parando apenas por um momento para olhar para mim, como se quisesse me provocar. Procurei e procurei pela última galinha, mas não encontrei nenhum sinal dela. Pobrezinha.

Às vezes parece uma luta sem fim, e decidi viajar para buscar alguns insights sobre o ponto de vista do coelho. Dois dias depois, iniciei uma jornada e pude sentir um grande coelho marrom numa caverna escura. Esperando por mim. Pronto para conversar. Era como um fantasma que eu podia ver com o canto do olho, mas, se virasse a cabeça, não havia nada lá.

— Estava esperando por você — disse ele.
— Eu sei — respondi.
Perguntei o que ele queria que eu soubesse. Uma infinidade de coelhinhos irrompeu dele num lindo padrão, como a visão de um caleidoscópio. Ele foi direto ao assunto.

— Nós nos reproduzimos muito porque vivemos com medo — explicou. — Existimos para comer e ser comidos, por isso aproveitamos o máximo de prazer que podemos enquanto estamos vivos. Essas ervilhas e os feijões verdes que você planta são como doces para nós. Se não quer que comamos, a única coisa que nos impedirá é uma cerca de metal, porque adoramos roer cercas de plástico. É como fio dental para nós.

Nesse momento, senti meu rosto se transformar no rosto de um coelho, mastigando freneticamente e mexendo o nariz. Essa sensação durou cerca de um minuto. Foi estranho.

— Além disso, adoramos sexo — continuou Coelho. — Pesquise sobre sexo dos coelhos. Como eu disse, aproveitamos todo o prazer que podemos ter. Não temos tanto medo dos humanos porque sabemos que enganamos vocês com nossa fofura e pelo macio. Tememos raposas, gatos e coiotes. Mas não tememos a extinção porque nos reproduzimos muito bem. Nós amamos sexo!

A jornada terminou.

Depois de anotar tudo de que me lembrava e tomar outra xícara de café, procurei "sexo + coelhos". Esteja preparado se decidir pesquisar isso na internet. Surgirão muitos links para o brinquedo sexual "rabbit". Encontrei algumas informações legítimas, mas ainda estavam num site de sexo. Lá aprendi sobre *superfetação*, que acontece quando uma fêmea (ou às vezes até uma mulher) engravida de uma nova ninhada de bebês mesmo já estando grávida. Esta habilidade única dos coelhos é o que pode ter levado os cristãos a pensar que os coelhos tinham "nascimentos virgens" e assim os associaram à pureza.

Nada poderia estar mais longe da verdade. As coelhas se tornam sexualmente maduras já aos 4 meses de idade. De uma forma estranhamente histérica, quando um coelho macho monta numa fêmea, há cerca de trinta segundos de estocadas intensas, após os quais os seus músculos relaxam com tanta profundidade que ele literalmente desmaia.

Isso me levou a questionar se as coelhas sentiam algum prazer nesse processo. Encontrei uma resposta num artigo no site do *Guardian*.[3] Cito:

> *Para explorar a questão [se as coelhas conseguem ter orgasmo], a equipe deu a 12 coelhas um tratamento de duas semanas com fluoxetina (nome comercial do Prozac) — um antidepressivo conhecido por reduzir a capacidade das mulheres de atingir o orgasmo — e analisou o número de óvulos liberados depois que as coelhas fizeram sexo com um coelho chamado Frank.*
>
> *Os resultados, publicados no periódico* Proceedings of the National Academy of Sciences, *mostraram que as coelhas que receberam antidepressivos liberaram 30% menos óvulos do que nove coelhas que não receberam Prozac, mas ainda assim acasalaram com Frank.*

---

[3] O artigo de Nicola Davis, "Rabbits May Hold Key to Solving Mystery of Human Female Orgasm" [Coelhos podem ser a chave para resolver o mistério do orgasmo feminino humano] (30 de setembro de 2019) é uma das descrições (involuntariamente) mais engraçadas de um experimento científico que já li (e li muitos).

Frank?! Frank?! Foi mal, acho isso muito engraçado. Aquele Frank era um coelho sortudo. Frank, isso é muito sexo e muito desmaio! O objetivo do estudo era entender se o orgasmo feminino tem algum propósito evolutivo, que os pesquisadores acreditavam estar relacionado à ovulação.

A equipe informou que os resultados corroboram a teoria de que as coelhas precisam experimentar algo semelhante a um orgasmo para ter um aumento hormonal e ovular, embora não se saiba se isso dá aos animais prazer sexual.

Eles também relataram que sua teoria foi apoiada por uma descoberta anterior de que animais que dependem de picos hormonais induzidos pelo sexo para ovular tendem a ter um clitóris — o órgão responsável pelo orgasmo feminino — numa posição na qual é mais provável que seja estimulado durante o sexo.

Bem, isso é interessante. Outros animais além dos humanos têm clitóris? Eu não sabia disso. E não aprendi isso na escola. (Depois de fazer mais pesquisas, descobri que *todas* as fêmeas de mamíferos têm clitóris e que alguns são bem grandes.)[4] O que me leva a divagar um pouco sobre o propósito e o papel da jornada para mim. Antes da minha jornada, eu estava me sentindo um pouco amargurada e frustrada com os coelhos que roíam plástico no meu jardim. IRRITADA! Estava brava com eles. Mas conversar com Coelho durante a jornada me deu uma ideia muito mais completa de quem eles são e por que existem. Isso acalmou minha raiva e meu aborrecimento. Me fez rir! E me levou a uma "toca de coelho" sobre prazer sexual que eu nunca teria descoberto de outra forma.

Frank viverá para sempre — na infâmia!

A moral desta história é que sempre plantarei ervilhas e feijões num canteiro elevado ou atrás de uma cerca de metal (ou ambos) e

---

[4] O maior clitóris é o da hiena-malhada, com 20 centímetros de comprimento! Embora o da baleia azul ainda não tenha sido medido e provavelmente seja maior.

não perderei tempo nem ficarei desapontada culpando os coelhos. Afinal, precisamos aproveitar nossos prazeres sempre que pudermos. Assim como Frank.

(Leitor, talvez você goste de saber que agora tenho alguns canteiros a 1 metro do chão no meu jardim, o que torna mais fácil cuidar das hortaliças à medida que envelheço. Também tenho uma estrutura fria de mais de 1 metro de altura, que fornece alface fresca, espinafre e salsa até dezembro. Tomem essa, coelhinhos fofos.)

Obrigada, Coelho.

Mosca-lanterna-pintada
O caminho para o céu é através da alegria.

JORNADA: 14 DE AGOSTO DE 2021

Imagine o seguinte: enchi um balde com água quente, vinagre, sabão e óleo de cozinha e caminhei cuidadosamente até uma jovem árvore-do-céu, que era o lar novinho em folha das moscas-lanterna-pintada, uma "espécie invasiva" da Ásia. A árvore tinha cerca de 4,5 metros de altura, cheia de ervas daninhas, com folhas que pareciam samambaias. Meu objetivo era cortá-la (com um serrote, veja bem), mas antes queria tirar os insetos gigantes dela e matar o maior número possível deles de uma só vez. Sempre ouvimos dizer: se vir moscas-lanterna-pintadas, mate-as. Elas são invasivas, destrutivas e não têm predadores conhecidos na América do Norte.

As moscas-lanterna-pintada estavam alinhadas e voltadas para cima no tronco da árvore. À distância, parecem casca de árvore — portanto, uma parte da árvore —, mas uma inspeção mais cuidadosa revela que se trata de um enxame de insetos. Quando suas asas estão fechadas, elas ficam da mesma cor do tronco. Mas, quando voam, suas asas vermelhas e brancas viram um turbilhão de cores. Cada inseto tem cerca de 2,5 centímetros de comprimento.

Joguei a água na árvore e de repente centenas delas irromperam em todas as direções, inclusive para o meu rosto. Elas não mordem, mas são *grandes*. GRITEI! (Minhas filhas vão dizer que grito muito.) Corri o mais rápido e para o mais longe possível. Senti que estava começando a cair quando cheguei à minha garagem de macadame, que não é o lugar ideal para cair. De alguma forma, tropecei durante todo o caminho sem cair até chegar à grama do outro lado, onde caí de maneira deselegante, ainda segurando o balde. Rindo muito, percebi que estava com uns machucadinhos de nada e me senti triunfante por ainda haver alguns centímetros do meu fluido mortal não tóxico no balde. Foi a minha versão de uma queda muito comum no futebol conhecida como "mergulho". Fiquei muito orgulhosa disso.

Lucia, que presenciou tudo, fez uma reconstituição, e rimos mais um pouco enquanto nossa cadela, Penny, ofegava de felicidade só por estar no jardim da frente.

Voltando para a árvore, comecei a pisar nos insetos ainda trêmulos, determinada a destruir todos eles. Depois de me certificar de que a maioria estava morta, me sentei numa pedra e comecei a serrar o tronco. A árvore-do-céu é uma árvore com ervas daninhas — do tipo que cresce através das rachaduras nas calçadas das cidades. É um produtor prolífico de novos brotos a partir de sementes. Eu havia cortado uma grande árvore-do-céu há uns dez anos, e ela ainda é uma das "ervas daninhas" mais comuns que arranco do meu jardim. Essa que eu estava serrando no momento tinha cerca de 15 centímetros de diâmetro — uma "erva daninha" que escapou. Usar um serrote exige paciência e, como não sou mais uma jovem, preciso de uma ou duas pausas para descansar. Depois de um terço do diâmetro, pensei em chamar alguém com uma motosserra para ajudar, mas persisti. Quando cheguei a dois terços do caminho, fiz outra pausa, sentei na grama e ponderei sobre a mosca-lanterna-pintada.

É bem provável que ela não tenha escolhido vir para esse continente. Talvez tenha sido embalada em uma caixa de coisas que alguém enviou por acidente. Poderia ser uma nova tática militar enviada pelo governo da China para destruir os Estados Unidos, mas as probabilidades são pequenas. O mais provável é que tenha entrado numa caixa de mercadorias baratas destinadas a uma loja de bugigangas. Se não fosse rotulada como uma espécie terrivelmente invasiva, poderia até ser linda, apesar dos olhos vermelhos brilhantes e assustadores.

Mas foi enquanto pisava em algumas delas até a morte que pensei naqueles vídeos que vemos nas redes sociais — você sabe quais

— de um homem, talvez um policial ou um supremacista branco, pisoteando e chutando uma pessoa que está no chão encolhida como uma bola e implorando por misericórdia.

Espera. Era isso que eu estava fazendo? Como eu era diferente? Eu estava matando agressivamente algo "que não pertence a esse lugar", embora não fosse um perigo real para mim. Eu estava fazendo aquilo porque me disseram: "Se as vir, mate-as. Elas são invasoras!"

Passamos por isso há uma década com o percevejo-fedorento, outro inseto importado acidentalmente da Ásia para a América do Norte e avistado pela primeira vez na região da Pensilvânia onde moro. Mas isso era um pouco diferente, porque aqueles percevejos apareciam dentro de casa. Eu me lembro de um dia quente no final de setembro, quando aspirei milhares deles *do meu quarto*. Não é legal. Na minha opinião, isso é arrombamento e invasão. (Mas agora somos amigos, o percevejo e eu.)

As moscas-lanterna-pintada, no entanto, não estavam no meu quarto. Estavam no jardim da frente, que, convenhamos, é a floresta. Não há como controlar *a floresta*.

Pensei no que os indígenas americanos devem ter sentido ao ver estrangeiros brancos com olhos de cores estranhas invadindo suas terras, roubando sua comida e matando suas famílias. Esses mesmos colonizadores europeus trouxeram uma nova e estranha doença (varíola) que acabou matando cerca de *noventa por cento* de todos os indígenas americanos. O que os colonizadores fizeram vai além do trágico. Felizmente, foi desenvolvida uma vacina contra a varíola e a doença foi erradicada em 1979 — um atraso de centenas de anos para salvar o povo indígena da Ilha da Tartaruga, o nome indígena para o que os colonizadores chamavam de América do Norte.

Terminei de cortar a árvore e voltei para casa, sentindo um pouco de vergonha de mim mesma. Mas também apreciei a compreensão do meu próprio comportamento e a forma como é tão fácil ser apanhado em frenesi e em enxames de ações que não fazem muito sentido. Me considero um ser humano pacífico e amante da natureza, mas ainda assim eu poderia me tornar cruel nas circunstâncias certas. Como e por que isso acontece? Não tenho certeza. Em última análise, a maioria de nós somos imigrantes. Muitos de nós e nossos ancestrais fomos vilanizados ao chegar em algum lugar. Alguns chegaram voluntariamente, outros involuntariamente. Não importa quando ou quem, a história é a mesma.

Poucos anos depois da onda inicial de imigração das moscas-lanterna-pintada para os Estados Unidos — e da minha tentativa de massacre —, elas parecem ter se instalado no ambiente, tal como aconteceu com os percevejos. Agora é raro vê-los. Talvez isso tenha acontecido depois de as pessoas gastarem tanto tempo, energia e sprays tóxicos tentando matá-los — odeio pensar nos resíduos de pesticidas deixados para trás e nos efeitos que eles têm nos nossos corpos. Ou talvez os insetos tenham se equiparado e agora sejam um de nós, parte daquele velho *melting pot* americano, que outrora celebramos como um presente especial para o mundo, como aquela característica que torna a nossa cultura tão única.

Observo as guerras culturais de hoje com uma sensação de confusão e tristeza. Pessoas de todos os lados lançam palavras horríveis umas às outras, sem demonstrar qualquer desejo de compreender, ouvir ou resolver diferenças. É exaustivo e cruel.

Com o peso dessa tristeza e a lembrança persistente do meu ataque às moscas-lanterna-pintada na árvore-do-céu, me senti compelida a viajar e perguntar à Mosca-Lanterna-Pintada o que tudo aquilo significava, embora estivesse um pouco assustada com a ideia de fazer uma jornada para falar com insetos.

Não gosto de viajar quando há outras pessoas em casa, e minhas filhas ficariam comigo por duas semanas para diversões de verão. No meio dessas duas semanas, minha querida, mas idosa, gata Pumpkin morreu. Decidi esperar todos irem embora e só fazer a jornada depois. Eu me peguei esperando que Pumpkin também aparecesse durante a jornada.

Numa manhã de sábado, com a casa enfim vazia, peguei sálvia do meu jardim e defumei o cômodo com ela, abri um espaço sagrado e me deitei no cobertor mágico.

O chocalho começou.

Abri uma porta de madeira numa árvore e entrei num prado e, em seguida, num bosque. Senti cheiro de incenso e que estava em algum lugar da Ásia (ao longe pude ver um templo). Eu era muito pequena e estava escondida entre a grama. Sim, tinha me tornado uma mosca-lanterna-pintada. Uma garotinha asiática se aproximou para brincar comigo. Eu pulei, e ela riu e pulou atrás de mim. (Durante um estágio de ninfa do desenvolvimento de uma mosca-lanterna-pintada, antes de criar asas, ela é um inseto saltador vermelho-brilhante com manchas brancas e pretas. Mesmo quando estão maduras, as moscas-lanterna-pintada saltam tanto quanto voam.)

— Na Ásia, somos símbolos de alegria. As crianças adoram brincar conosco porque elas não julgam, mas são ensinadas a fazer isso — disse Mosca-Lanterna-Pintada.

Eu vi a criança rindo e pulando atrás de uma ninfa mosca-lanterna-pintada.

— Viemos para esse continente como ovos na madeira. Aparentemente, os norte-americanos precisam de mais alegria. Mas fomos recebidas com raiva, medo e ódio — continuou.

Ouvi a palavra "estraga-prazeres" sussurrada ao meu redor, como se as moscas-lanterna-pintada estivessem acusando baixinho todos que moram nesse continente de serem destruidores do prazer e não serem nada divertidos.

— Nós nos alinhamos nas árvores-do-céu para lhe dizer que o caminho para o céu é através da alegria!

Comecei a soluçar. Claro. Como eu nunca soube disso sobre as moscas-lanterna-pintada? Até mesmo chamar a árvore-do-céu de "árvore de lixo", como eu fiz, parecia terrivelmente errado.

— Nosso propósito é trazer alegria. Na Ásia, somos consideradas belas.

Então, Pumpkin apareceu, me cutucando e lambendo a ponta do meu nariz como costumava fazer. Ela exibiu com orgulho suas asas de anjo.

— Animais de estimação existem para ensinar aos humanos como amar, mas vocês precisam aprender a compartilhar esse amor com outros humanos. Todos nós temos um propósito, e a alegria existe quando tudo e todos vivem plenamente esse propósito único.

Saí da jornada atordoada e humilhada. Em retrospecto, essas coisas parecem tão simples e óbvias, mas ainda assim ficamos alheios a elas. (Eu estava alheia a elas.) Foi preciso uma jornada xamânica para eu ver as coisas como elas realmente são, não apenas como imagino que sejam. A árvore-do-céu, também conhecida como sumagre chinês, sumagre fedorento ou árvore fedorenta, foi trazida da China para os Estados Unidos no final dos anos 1700 com o objetivo de crescer e sombrear grandes áreas. Era popular por ser muito fácil de cultivar. Na verdade, é a árvore que aparece no romance *Uma árvore cresce no Brooklyn*, de Betty Smith:

> *Ela olhou para o quintal. A árvore cujos guarda-chuvas de folhas se enrolavam por baixo e por cima da escada de incêndio foi cortada porque as donas de casa reclamaram que a roupa que estava nos varais ficava presa nos galhos. O proprietário enviou dois homens e eles a derrubaram.*
> *Mas a árvore não morreu... não morreu.*
> *Uma nova árvore cresceu do toco e seu tronco cresceu ao longo do chão até chegar a um lugar onde não havia varais acima dela. Então começou a crescer em direção ao céu novamente.*
> *Annie, o pinheiro, que os Nolan estimavam com rega e adubação, há muito adoecera e morrera. Mas esta árvore no quintal — a árvore que os homens derrubaram... esta árvore em volta da qual fizeram uma fogueira, tentando queimar o toco —, esta árvore sobreviveu!*
> *Ela viveu! E nada poderia destruí-la.*

Fui até o túmulo da Pumpkin para agradecer por ela ter aparecido na minha jornada. Tem uma pedra linda para sentar ali, colocada pelo meu genro, um imigrante. Então, me sentei, absorvendo aquela nova visão sobre a vida e me sentindo muito grata. Depois de alguns minutos olhei para o chão. Ali, numa pequena folha de grama, apontando para o céu, estava uma única mosca-lanterna-pintada.

Obrigada, Mosca-Lanterna-Pintada.

Vaga-lume

Encontre a beleza dentro de você e deixe-a brilhar.

JORNADA: 22 DE AGOSTO DE 2021

Os vaga-lumes não são pragas, e meu plano original era escrever um livro sobre plantas, animais, pássaros e insetos que eu ou outras pessoas consideramos incômodos e difíceis de amar. Entretanto, assim que comecei a viajar para ouvir os espíritos de seres irritantes como coelhos e moscas-lanterna-pintada, comecei a perceber que havia multidões de outros seres ansiosos para se conectar — era como se implorassem para que eu falasse com eles. Até comecei a manter uma lista de espera. O vaga-lume foi especialmente persistente.

Você se lembra de quando me sentei à beira do lago com Lisa e os abutres apareceram? Enquanto Lisa e eu conversávamos, três ou quatro vaga-lumes pousaram em mim (em plena luz do dia). Então, ouvi um clique alto no meu ouvido. Pedi a Lisa para ver o que estava emaranhado no meu cabelo grisalho e encaracolado. Sim, era outro vaga-lume. Ele estava *gritando* no meu ouvido com seus cliques. Como os abutres eram literalmente uma presença maior naquele dia, fiz uma nota mental para voltar aos vaga-lumes mais tarde.

Alguns meses depois, certa noite, enquanto eu estava em casa, um vaga-lume veio em direção ao meu rosto, como se dissesse: "Estou aqui! Fale comigoooo!" Durante o verão, muitas vezes deixo as portas de correr e de tela da minha casa abertas para que as pessoas e os animais possam entrar e sair à vontade. (Não tenho ar-condicionado.) Quando escureceu, estávamos assistindo às Olimpíadas na TV. Um vaga-lume apareceu e voou pela minha cozinha em frente à

TV. *Isso aconteceu três noites seguidas.* Talvez tenha sido apenas atraído pela luz forte da TV, mas não é incomum ligarmos a TV à noite, e isso nunca aconteceu antes. "Tudo bem, tudo bem", pensei. "Vou visitá-lo e ver o que você tem a dizer."

Fiquei me perguntando se a presença do vaga-lume na minha cozinha tinha a ver com minha neta. Ela estava lá em casa na época e, com quatro anos de idade, estava na fase privilegiada de capturar vaga-lumes.

— Quando eu era bebê, pensava que as plantas eram a natureza. Agora sei que tudo é natureza — disse ela naquele mesmo dia.

— Você aprendeu isso no acampamento? — perguntei, surpresa por ela ter aprendido aquilo na escola.

— Não, aprendi no seu jardim — respondeu, com naturalidade.

É por isso, meus amigos, que tenho meu jardim mágico.

Numa manhã chuvosa de domingo de lua cheia em agosto, quando não estava com visitas, preparei-me para outra jornada. Eu não conseguia decidir se pretendia falar com vaga-lumes ou com teixos, que também me incitavam a falar com eles. Convidei os dois para me contarem o que queriam que eu soubesse. Fiz uma defumação com sálvia do jardim. Acendi algumas velas. Toquei meu tambor enquanto abria o espaço sagrado. Então me deitei e liguei o aplicativo que reproduzia sons de tambores...

Era um crepúsculo azul e enevoado. Atravessei um caminho que cortava um cemitério. No final do caminho havia um portão gigante de ferro forjado com dois grandes teixos de cada lado. Passei pelo portão. De repente, fui cercada por vaga-lumes fazendo seus barulhinhos típicos. Até comecei a imitar os barulhos com a boca. Eu havia me tornado um vaga-lume e voei, pousando no galho de um teixo. Então eu também me senti subindo no ar e depois pousando no chão, repetidamente, para cima, para baixo, para cima, para baixo. Eu ia para a grama e o solo a fim de descansar, e para o céu e as árvores com o objetivo de brilhar. Eu sentia o cheiro do solo e das próprias árvores.

Então ouvi a voz suave de Vaga-lume:

— Existimos para inspirar magia e mostrar que a verdadeira beleza não é a aparência, mas a luz que se emite. Nós somos belos. Você é bela e nós amamos você. Poderia dizer às pessoas que parem de usar venenos? Está matando a magia e nos matando. Qual é o preço do amor? Vale a pena? Só para deixar um cara rico?

Vaga-lume me mostrou imagens de pessoas ricas e bonitas por fora, mas senti que muitas eram vazias por dentro. Haviam pessoas que ganharam dinheiro vendendo produtos químicos que prometiam criar a ilusão de beleza — produtos químicos para gramados e jardins, produtos químicos agrícolas, produtos químicos para cosméticos, produtos químicos eternos como o PFAS (substâncias per e polifluoroalquil). Essas pessoas não emitiam luz. Elas irradiavam ganância, status e atenção que nunca poderia ser saciada.

— Encontre a beleza dentro de você e deixe-a brilhar — disse Vaga-lume com um tom doce e suave.

Então, os vaga-lumes me levaram até um barco e atravessamos um rio no escuro. Foi uma bela procissão de luzes refletidas na água escura. Sim, eu sabia que era o rio da morte e que o Teixo, uma presença gigante, estava esperando para me cumprimentar do outro lado. Não senti medo. O Vaga-lume estava me garantindo que tudo era lindo e que tudo estava bem. Fiquei curiosa para ouvir o que o Teixo teria a dizer. Mas isso é história para o próximo capítulo...

A mensagem de Vaga-lume ressoou em mim. A verdade é que muitas vezes me senti insegura sobre minha aparência. E julgada. E julgava os outros, apesar de saber que é uma atitude terrível. Quando trabalhava no ramo corporativo, eu usava maquiagem e roupas elegantes, mas me sentia uma farsa. Se eu fosse aparecer na TV ou tirar "fotos institucionais", as equipes de comunicação corporativa traziam estilistas para me fazer "ter uma aparência adequada", mesmo que isso fizesse eu me sentir péssima. Muitas vezes, quando eu encontrava alguém pela primeira vez, a pessoa comentava: "Você não se parece com sua foto!" Percebi que precisava decidir quem eu seria: a pessoa nas fotos da assessoria ou meu verdadeiro eu. Pensei em todos os executivos homens que nunca usaram maquiagem ou fizeram mechas e alisamento (embora alguns pintassem o cabelo). Calculei todo o tempo, dinheiro e energia que economizaria se não tingisse e não secasse o cabelo ou me maquiasse todos os dias, e decidi que não valia a pena. Então, eu parei. Parei de pintar meu rosto. Parei de tentar domar meu cabelo. Parei de usar sapatos que machucavam meus pés e joelhos.

Então comecei a notar outra coisa. Muitas das pessoas bonitas, ricas e aparentemente perfeitas que conheci com frequência eram infelizes, inseguras e sofriam de distúrbios alimentares, ansiedade ou depressão. A beleza física não era o bilhete para a felicidade (ou saúde) que eu presumia que fosse. Eu costumava caminhar pelas ruas de Nova York na companhia de pessoas extremamente bonitas e via como os outros as olhavam, babavam nelas e as adoravam. (Quanto a mim, gosto de ser invisível.) Fico feliz de não trabalhar mais com a mídia, que se alimenta da insegurança dos outros, criando um verniz de beleza que esconde uma sensação de vazio.

A beleza é importante. A beleza é fundamental. O universo transborda de beleza. Talvez seja por isso que tantas pessoas desejem ser "bonitas" através de cosméticos, roupas, formato corporal e adornos. Mas ser rico e bonito não protege você de tristeza ou sofrimento. Em última análise, a verdadeira beleza vem de dentro, quando sua luz própria brilha intensamente.

Acho que, quanto mais me concentro em meus dons autênticos e únicos, por mais peculiares que sejam, mais me sinto viva e capaz de iluminar os outros — sem produtos químicos artificiais, sem maquiagem e sem ter um corpo magro e tonificado (um pouco de gordura pode fazer bem). E descobri que a minha luz interior é o que atrai as pessoas que se tornam meus verdadeiros amigos.

Agora, sobre a luz que os vaga-lumes criam... Os vaga-lumes, às vezes chamados de pirilampos, fazem parte de uma espécie de insetos que se iluminam à noite por um processo chamado bioluminescência — o ar ingerido interage com uma substância química chamada luciferina, produzida nos corpos dos vaga-lumes, causando o brilho. (Curiosidade: o nome "Lúcifer" deriva do latim e significa "portador da luz". De alguma forma, em algum lugar, isso virou algo ruim.) A luz dos vaga-lumes é uma linguagem de amor para atrair parceiros — ou às vezes outras espécies de vaga-lumes para comer.

Os vaga-lumes não são moscas, e sim besouros. Eles voam lentamente, por isso são tão deliciosamente fáceis de capturar. Existem duas mil espécies diferentes. Eles passam a maior parte da vida (às vezes alguns anos) como larvas no subsolo ou sob cascas de árvores, onde se alimentam de lesmas e outros insetos. Eles adoram troncos apodrecidos, gramas selvagens, solo limpo (não envenenado), fontes naturais de água e escuridão. (Parece um pouco com um anúncio "À procura de", não é?)

Sim, as populações de vaga-lumes estão diminuindo — de forma drástica. Isso se deve, em parte, a todos os produtos químicos usados nos campos agrícolas, nos gramados e nas calçadas, nos jardins, na matança de todos aqueles "seres invasores". Mas também se deve à poluição luminosa. Então... pare de dar o seu suado dinheiro para empresas químicas que matam a magia e a beleza da natureza e a magia e a beleza que existem em *você*. Pare de se preocupar tanto em se desintoxicar e trabalhe na desintoxicação da Terra. Apague as luzes, saia e aproveite o show de luzes da natureza. Sinta sua própria luz crescer e começar a brilhar.

Obrigada, Vaga-lume.

Teixo

Permita-se ser selvagem.

JORNADA: 22 DE AGOSTO DE 2021

Quando eu tinha uns três anos, segurava na mão um fruto de teixo vermelho e gelatinoso.

— Não coma essa fruta! — gritou meu primo mais velho.

Então, é lógico que foi o que fiz.

Ainda consigo ver a tigela de aço inoxidável no quarto verde-claro do hospital na qual me disseram que eu precisava vomitar. Eles me deram xarope de ipeca. Eu estava sentada no colo de alguém. Não me lembro de vomitar. Mas sobrevivi e nunca esqueci aquela experiência.

Sim, os frutos de teixo são venenosos. Na verdade, apenas as sementes dentro da baga são venenosas. Mesmo assim, não os coma a menos que você realmente saiba o que está fazendo. (É melhor simplesmente não comer.)

Depois que minha gata Pumpkin morreu, eu quis plantar um arbusto perto do túmulo dela e, por alguma razão, fiquei pensando em teixos. Eles não saíam da minha cabeça.

Na Pensilvânia, onde moro, os teixos têm uma característica comum e, para mim, às vezes um papel cômico na paisagem. Quase todos os estilos tradicionais de casa, não importa quão grande ou pequena, tem pelo menos um teixo no jardim da frente, podado de forma simples. Às vezes é podado como uma caixa. Às vezes é podado como uma bola. Às vezes é podado torto, mas é raro não ser podado.

A primeira vez que notei teixos não podados foi na nossa reserva local de conservação de terras selvagens, onde há um bosque circular de teixos não podados que deve ter quase cem anos. Eles criam um abrigo mágico, e dentro há bancos para sentar e ler histórias para crianças. É um dos espaços mais mágicos que já vi. É claro que tive que plantar um círculo de teixos no meu quintal e nunca os podo. Eles rodeiam o meu trampolim. A curto prazo, o objetivo é esconder o trampolim da vista, mas, a longo prazo, depois que o trampolim se for, será meu próprio círculo mágico de teixos.

Minha teoria é que a obsessão pela poda é um retrocesso à ideia de que a casa de uma pessoa é o seu castelo e que os humanos podem controlar a natureza. Isso me lembra o incrível castelo e jardim Château de Villandry no Vale do Loire, na França. Quando levei minhas filhas lá, elas adoraram os intrincados labirintos de sebes, mas aqueles labirintos refletem a enorme quantidade de dinheiro que o proprietário do castelo gastou para controlar a natureza através de podas, num esforço para impressionar vizinhos e entreter convidados. É lindo, divertido e exuberante. Contudo, como sou jardineira, entendo que essa quantidade de trabalho não pode ser feita sem uma equipe muito grande. Infelizmente, é provável que tenham sido escravos ou criados que originalmente o mantiveram.

Nas descrições dos teixos, você encontra dois temas comuns: (a) Eles são tóxicos e (b) eram plantados em cemitérios para impedir a entrada de gado. Ah, isso faz sentido. Vou plantar um teixo para o túmulo da Pumpkin.

No viveiro local, fui atraída por uma planta chamada teixo-ameixa-japonesa, especificamente uma variedade chamada jardim do duque. Como minha filha mais velha é escritora de romances históricos, sempre me sinto atraída por qualquer coisa que envolva um duque. Mas quando cheguei em casa e procurei o nome em latim — *Cephalotaxus harringtonia* — do meu novo arbusto, percebi que tinha sido enganada. Não é um teixo "verdadeiro"; cujo gênero é *Taxus*. Mesmo assim, eu o plantei perto do túmulo da Pumpkin.

Na noite anterior à minha jornada planejada para visitar ou Vaga-lume ou Teixo, eu estava lendo *A árvore-mãe: em busca da sabedoria da floresta*, o comovente e fascinante livro de memórias da ecologista florestal Suzanne Simard, que ilustrou a resistência frustrante e a lentidão à mudança na comunidade científica e florestal. Me deparei com esta passagem em que ela escreve sobre seu tratamento contra o câncer de mama:

> *O dr. Malpass estava certo. As infusões de paclitaxel foram mais fáceis de absorver do que as drogas quimioterápicas anteriores, e recuperei um pouco de energia e voltei a andar na floresta. O paclitaxel é derivado do câmbio do teixo — uma árvore baixa e arbustiva que cresce sob velhos cedros, bordos e abetos. Os aborígenes conheciam a potência dessa planta, e faziam infusões e cataplasmas para tratar doenças, esfregavam as sementes na pele para obter força e banhavam-se em preparações para purificar seus corpos. Eles usavam essa árvore para fazer tigelas, pentes e raquetes de neve, e para fabricar ganchos, lanças e flechas. Quando as qualidades anticancerígenas do teixo foram levadas ao conhecimento da indústria farmacêutica moderna, parecia haver uma recompensa pelas árvores. Eu encontrava os teixos pequenos — com galhos tão longos quanto caules — despidos da casca, parecendo cruzes, espectros de maus-tratos. Nos últimos anos, os laboratórios farmacêuticos aprenderam a sintetizar artificialmente o paclitaxel, deixando os teixos prosperarem sob a cobertura fresca das florestas. No entanto, quando a vegetação antiga é desmatada e transformada em grandes madeiras, estas pequenas árvores escamosas voltam a pegar muito sol e ficam enfraquecidas.*

Isso é magia. Aqui está a segunda parte da minha jornada até o Vaga-lume e o Teixo.

Os vaga-lumes me escoltaram cerimoniosamente através do rio da morte até um teixo gigante do outro lado. A árvore era enorme e vigorosa — a mãe de todos os teixos. Fui para os braços dela e ela me abraçou. Foi um pouco apertado, mas também reconfortante.

— Quando você morrer, minhas raízes vão cercá-la e transformá-la. A morte vai curar você. A morte é o curandeiro definitivo — falou.

Nesse ponto, enquanto estava deitada em meu cobertor mágico, meus braços se ergueram e se entrelaçaram como os galhos dela, como se eu fosse Teixo.

— Quando você se permite ser selvagem, começa a viver de verdade — falei em voz alta.

Coloquei as mãos no peito e chorei.

— As pessoas estão sempre tentando nos controlar para nos manter em caixas. Mas são elas que estão encurraladas. Estão construindo os próprios caixões — disse Teixo, e suspirou. — Humanos são exaustivos.

Me deitei sob o teixo e observei os vaga-lumes iluminando a noite. Ficou muito quieto. De repente, Pumpkin apareceu sob o teixo. Ela veio até mim com asinhas de anjo e sentou em cima de mim, ronronando.

— É tudo uma questão de amor, Maria. É tudo sobre amor. E tudo é lindo — disse minha gata.

Eu chorei um pouco mais e Teixo falou:

— Plante dois teixos *verdadeiros* perto do túmulo da Pumpkin, um de cada lado.

Eu vou plantar. Você sabe que eu vou.

E plantei.

Mesmo assim, não paro de me perguntar sobre toda a poda que as pessoas fazem. Por que elas têm tanto medo da natureza? Da vida?

Graças a meu trabalho em publicação e mídia, estudando pesquisas de clientes, aprendi muito sobre pessoas. Também aprendi muito ao conversar com vizinhos e familiares. Uma coisa que notei é que todos temos medo. Do que não sabemos. Do futuro. De mudança. De insetos, germes e doenças. Do que nossos vizinhos vão pensar. De ir para o inferno. De parecer estranhos, gordos ou diferentes. De não ter dinheiro ou amigos suficientes — ou, se tivermos o suficiente, temos medo de que alguém roube o que temos. De ficar sozinhos e de ir a lugares sozinhos. De não ser suficientes (embora alguns tenham medo de ser demais). De sermos provocados, de virar piada ou, pior, de sermos rejeitados. De falar. De nos sentir vulneráveis e envergonhados. De não sermos amados. Da morte. De morrer.

Nossos medos muitas vezes se manifestam em nossas paisagens, seja o gramado perfeitamente cuidado, o arbusto meticulosamente podado, o uso de inseticidas para matar pragas que nos assustam ou o uso de herbicidas para matar ervas daninhas que nos envergonham. A guerra contra as ervas daninhas. A guerra contra os insetos. A guerra contra a selvageria. A metáfora da guerra contra qualquer coisa nos coloca numa posição de ataque ou defesa, agressor ou vítima, com constante medo de perder. De falhar. De fazer a coisa errada. De perder o controle.

Às vezes, tenho medo também. Eu tinha medo de falar com insetos durante uma jornada, por exemplo, mas no final das contas a experiência não foi ruim, foi *maravilhosa*. Enfrentar meus medos — observando e trabalhando com a natureza de perto, conversando com as coisas que me assustam para entendê-las — me permitiu abraçar a natureza selvagem de uma maneira nova. Agora posso apreciar a natureza confusa de uma floresta jovem que está se recuperando de um trauma. Posso sorrir para as plantas rebeldes do meu jardim e compreender que elas estão apenas tentando me ajudar e realizar seu propósito. Vejo em primeira mão que a natureza colabora mais do que compete. Vejo que a natureza é confiante e paciente.

E isso, meus amigos, me deixou mais confortável para aceitar minha própria selvageria. Estou muito mais propensa a rir de mim mesma. Vejo agora que muito do estresse que senti na vida foi desnecessário e fruto da minha própria invenção.

Estou feliz em ver o movimento de "rewilding" de arquitetura ecológica na conservação ambiental e na agricultura. O objetivo é permitir que a natureza faça o que quiser e incentivar que predadores e outras espécies essenciais retornem e façam suas contribuições. É necessária uma abordagem "passiva" para o manejo da vida selvagem nessas áreas, e apoio isso. Não consigo dizer quantas pessoas conheci ao longo dos anos que acreditam que é nosso trabalho "administrar" a natureza, especialmente as florestas. Estou começando a pensar que nosso verdadeiro trabalho é aprender a administrar a *nós mesmos*; e com isso quero dizer nos libertar de tantas restrições autoimpostas. Temos muito a aprender com os povos indígenas e como eles administravam as terras antes de nós os interrompermos de forma tão rude, pensando que sabíamos mais do que eles. Não sabíamos.

Cada dia que estamos vivos é uma dádiva. Talvez a morte *seja* o curandeiro definitivo. Mas, por enquanto, prefiro estar viva. Vou abraçar minha selvageria.

O túmulo da Pumpkin, os dois teixos e o arbusto estão bem do lado de fora da janela, perto da minha escrivaninha. Ela costumava dormir na cadeira ao meu lado enquanto eu escrevia. Agora ela dorme ao ar livre, enterrada num cesto. Hoje, os arbustos são minúsculos — cerca de 30 centímetros de altura —, mas eles vão crescer. Não tenho nenhuma vontade de podá-los. A selvageria deles será um lembrete para mim de que, quando me permito ser selvagem, então, e só então, estou verdadeiramente viva.

Obrigada, Teixo.

Laranjeira-de-osage

Se apresse. Acorde.

JORNADA: 3 DE SETEMBRO DE 2021

A primeira vez que notei a laranjeira-de-osage foi quando meu ex-cunhado fez um arco com a madeira dela. Eu o observei trabalhar naquilo e falar sobre quão forte era a madeira. Ele havia matado cervos com aquele arco, que penduramos de cabeça para baixo na varanda lateral da casa da rua principal de Emmaus, onde morávamos na década de 1980. A visão de uma corça morta pendurada na varanda foi um pouco chocante, mas a salsicha ficou deliciosa.

A segunda vez que notei a laranjeira-de-osage ocorreu muitos anos depois, quando me mudei para a casa na floresta e tinha que levar Maya para a escola todos os dias. Ao longo do caminho, passávamos por uma fileira de enormes e profundos sulcos de laranjeiras-de-osage à beira da estrada. Eu as reconheci porque a cada outono suas gigantescas bolas verde-limão se alinhavam na estrada e eram esmagadas pelos carros que passavam.

Eu queria parar e pegar algumas laranjas, mas estava com medo. A estrada não tinha muito trânsito, mas os carros andavam rápido e não havia um bom lugar para encostar. Demorou cerca de dez anos até que eu tivesse coragem de parar (na época, era Eve que eu estava levando para a escola). Corri pela estrada, peguei o máximo que pude e coloquei no porta-malas do carro, que se encheu de uma fragrância cítrica, herbal, pura e intensa.

Mais tarde naquele dia, enquanto eu fazia algumas tarefas, um jovem que me ajudava foi colocar algo para mim no porta-malas.

Jamais esquecerei a expressão no rosto dele enquanto olhava para as laranjas-de-osage. Depois de um minuto, ele perguntou:

— O que é isso? É o melhor cheiro que já senti na vida!

Tentei plantar aquelas laranjas, mas a verdade é que posso ser muito preguiçosa. Por "plantar", quero dizer que as joguei no mato na beira da minha floresta, esperando que a natureza agisse. Nada cresceu (pelo menos que eu saiba). De vez em quando eu parava na fileira de laranjeiras-de-osage à beira da estrada e pegava mais algumas. Eu as guardava por um tempo para apreciar o cheiro e depois as colocava na minha pilha de compostagem quando começavam a apodrecer.

Corta para uma década depois. Minha campainha tocou. Abri a porta e havia um homem de máscara que eu não conhecia. Foi durante a pandemia, então a máscara não me alarmou.

— Desculpe-me por vir até aqui — disse ele —, mas queria saber se posso caminhar pela sua floresta perto do parque. Vi algumas árvores interessantes e quero ter certeza de que tenho permissão para dar uma olhada nelas.

— Não é minha floresta — expliquei. — O terreno pertence à reserva local, então é claro que pode ir. Quais árvores deseja ver?

Ele mencionou pau-ferro e começou a explicar um pouco. Eu sorri.

— Sim, eu conheço essa.

Ele ficou chocado por eu ter ouvido falar de árvores de pau-ferro. Antes que pudesse perceber, estávamos conversando sobre árvores e pude ver que ele gostava mesmo delas.

— Você já ouviu falar da laranjeira-de-osage? — perguntou.

Eu suspirei.

— Eu adoro laranjeira-de-osage!

— Bem, conhece as sementes dela, certo? — [Sim, eu conheço.] — Tenho plantado e elas estão crescendo! Eu tenho cerca de quarenta. Você quer algumas?

Se eu queria?!

Ele me trouxe seis mudas crescendo em pequenas xícaras de isopor com o fundo cortado para que as raízes pudessem se espalhar. Eu as plantei num lugar especial, perto de onde um dos meus cachorros está enterrado. E lhe dei uma dúzia de ovos como agradecimento.

Um ano se passou. A campainha tocou. (Era cedo pela manhã e eu ainda estava em meu caftan indiano esvoaçante, com o cabelo encaracolado indomado. Tenho certeza de que parecia uma bruxa. Eu não sou uma bruxa.) Era o cara da laranjeira-de-osage.

— Não sei se você se lembra de mim — disse ele, hesitante.

— Sim, eu lembro.

— Eu queria saber se você ou a reserva estariam interessados no restante das minhas árvores. Minha esposa e eu nos voluntariamos no auxílio aos danos do furacão. Posso não voltar e quero ter certeza de que elas terão um lar.

Acontece que ele é Testemunha de Jeová (o que explica por que ele se sente tão confortável em bater na porta de desconhecidos), e ele ia viajar com a esposa para o sul a fim de ajudar na limpeza do furacão Ida (que gerou enormes danos na Louisiana e causou inundações em muitos estados). Eu respondi que, desde que ele prometesse não tentar me converter, ficaria mais do que feliz em encontrar lares para suas "refugiárvores". Não tive notícias dele por algumas semanas e pensei que poderia tê-lo ofendido. Ou ele esqueceu. Ou os planos mudaram.

Comecei a perceber que Laranjeira-de-osage estava tentando entrar em contato comigo. Resolvi fazer uma jornada e descobrir qual era a mensagem. Eu só tinha feito uma jornada para encontrar um espírito de árvore antes, embora elas se destacassem em quase todas as minhas jornadas. Eu estava cautelosa e curiosa.

Comecei minha jornada pisando entre duas laranjeiras-de-osage ao longo da estrada na qual havia dirigido tantas vezes. (Lisa disse que isso parecia uma jornada pelo Mundo Médio. Pensando bem, concordo.) Conforme avançava, percebi que estava no meio de uma luta de laranjas-de-osage. Crianças riam e gritavam, atirando laranjas umas nas outras, num jogo tão antigo quanto os humanos.

De repente, eu me transformei na árvore. Eu me senti ficando mais alta e me elevando sobre as crianças, com meus braços se estendendo como galhos. Quando falei, a minha voz era a da árvore (calma, um pouco cansada):

— Sou forte. Sou paciente. Mas os humanos precisam parar de lutar. Precisam encontrar um novo jogo para jogar. A guerra é um jogo bobo que as crianças jogam. Encontrem um novo jogo e não me usem para isso.

— Por que me sinto atraída por você? — perguntei.

— Eu sou linda e poderosa — Laranjeira-de-osage respondeu. — Você gosta de mim porque eu te protejo e faço você se sentir segura. Nós, árvores, somos antigas. Guardamos os segredos. Estávamos aqui muito antes de vocês e estaremos aqui muito depois. Vemos tudo. Quando os humanos aprenderem a honrar e respeitar as árvores, aprenderão verdadeiramente como viver.

— Como podemos fazer isso?

— Quero ser usada corretamente. Queime meus galhos mortos e meu tronco para fazer coisas que tragam alegria, abrigo e proteção, não armas.

De repente, comecei a soprar enormes rajadas de ar pela boca. Inspira e expira. Inspira e expira.

— Sua respiração me alimenta e eu a transformo no oxigênio que alimenta você.

— Por que seu fruto é tão bonito e cheira tão bem?

— Quando vocês virem que meus frutos são belos, em vez de armas ou um incômodo, é quando vão despertar. Seu amigo está despertando. Não se preocupe, apreciamos você e vamos protegê-la. Mas, *rápido*, acorde.

A jornada terminou. Tomei café da manhã e saí para alimentar as galinhas. Era uma daquelas lindas manhãs de setembro — ensolarada, clara, revigorante e gelada. Depois de juntar os ovos, Elvin saiu para dizer bom dia. Elvin mora no apartamento acima da minha garagem e trabalha para mim fazendo projetos na casa e no quintal e cuidando das galinhas quando estou fora. Ele é taino porto-riquenho, cresceu no sul do Bronx e está aposentado após uma carreira como agente penitenciário na cidade de Nova York. Eu o conheci através do nosso professor de ioga, e ele é uma alma muito gentil (que é faixa preta em caratê). Conversamos sobre a pandemia e o furacão.

— Não sei por que, mas me sinto muito protegido aqui — comentou Elvin.

Ele contou que, quando vai para as cidades próximas, se sente em estado constante de alerta tanto pelo racismo como por causa da covid-19.

— Mas aqui em cima me sinto muito seguro. Até os animais silvestres estão felizes. Posso ver isso nos olhos deles.

— Obrigada — respondi. — Isto é o que eu faço. Um dia, o mundo inteiro poderá ser assim. Mas temos que apreciar e ouvir a natureza e uns aos outros para que isso aconteça.

Aprendi com Elvin que grande parte da segurança que experimento como uma mulher branca mais velha não é compartilhada por pessoas não brancas entre nós. Mesmo coisas simples, como bater na porta de alguém, podem estar repletas de riscos. Felizmente, Elvin e eu formamos uma boa equipe.

A propósito, o nome Elvin significa "elfo mágico" em irlandês. Como diz Lisa: NDPIEC. Não dá para inventar essas coisas.

Entrei, sentei-me e comecei a escrever este capítulo.

Algumas semanas depois, meu vizinho, o cara da árvore, apareceu de novo e me disse que ajudaria as pessoas em Nova Jersey que perderam as casas devido aos tornados, em vez de ir para o sul. Ele me deu cerca de trinta pequenas mudas de laranjeira-de-osage. Plantei uma dúzia delas no meu jardim e levei o restante para o Rodale Institute, onde havia bastante espaço para plantá-las. Com a equipe do instituto, aprendi que essa espécie de laranjeira está diminuindo porque a única criatura que consegue digerir os frutos, transportar as sementes para algum lugar novo e depois expeli-las é o mamute-lanoso. Mamutes-lanosos costumavam vagar pelo continente norte-americano em rebanhos. Eles foram extintos há 4 mil anos. Discute-se se eles foram extintos devido à caça ou às mudanças climáticas. Talvez nunca saibamos.

Cientistas na Coreia do Sul estão tentando trazer o mamute-lanoso de volta à existência por meio de clonagem. Os russos estão desenterrando ossos de mamutes-lanosos, uma vez que o permafrost da tundra siberiana começou a derreter. As presas são vendidas para fazer bugigangas e obras de arte que eram feitas com presas de elefante, cuja venda agora é ilegal devido ao risco de extinção desses animais. É certo clonar um animal extinto? Quem pode dizer com certeza? É errado vender ossos de mamute-lanoso para fazer bugigangas? Talvez nunca saibamos responder isso. Mas os humanos insistem em fazer todo o tipo de coisas cujo impacto — para o bem ou para o mal — só pode ser conhecido muito tempo depois.

O mamute-lanoso é um lembrete de que nada no futuro está garantido. Nem nossos meios de subsistência. Nem a nossa riqueza. Nem a nossa saúde. Nem a existência humana. Talvez daqui a alguns milhares de anos algum outro ser desenterrará nossos ossos para decorar suas casas e transformá-los em bugigangas. Nós, humanos, estivemos tão distraídos lutando uns contra os outros pelas razões mais ridículas que não conseguimos ver a verdade diante de nossos olhos: esta vida, este planeta e o mundo que criamos nele é uma dádiva. A maior e mais duradoura alegria vem de criar coisas boas e de cuidar uns dos outros — apesar das nossas diferenças. Há espaço no mundo para Testemunhas de Jeová como meu vizinho *e* vira-latas espirituais como eu. São as árvores que nos conectam e nos unem.

Elas sobreviverão a todos nós.

Se apresse! Acorde!

Obrigada, Laranjeira-de-osage.

Mosquito

Quando matamos os outros, matamos a nós mesmos.

PRIMEIRA JORNADA: 9 DE SETEMBRO DE 2021
SEGUNDA JORNADA: 28 DE OUTUBRO DE 2021

A verdade é que, apesar de eu ter vários morcegos residentes, ainda há *alguns* mosquitos no meu quintal todo verão — e é claro que eles me irritam. Costumam aparecer depois de grandes chuvas, e é quando nunca fico longe de um frasco de repelente, principalmente no final do verão. O declínio dos mosquitos famintos do final do verão é uma das únicas razões pelas quais anseio pelo outono.

Estou sempre perambulando pelo jardim em busca de vasos ou brinquedos que possam conter água parada. Os mosquitos adoram pneus velhos com água parada para colocar seus ovos. Sempre me surpreendo com quantos pneus velhos eu encontro nos bosques que rodeiam a minha casa e o meu jardim. Nas últimas duas décadas, encontrei e removi pelo menos cem. E novos continuam aparecendo. Como cogumelos (e mosquitos) depois da chuva. Recentemente descobri uma pilha com uns 15 pneus cobertos de musgo. É meu projeto de primavera desenterrá-los e enviá-los para onde quer que os pneus velhos *devam* ir, onde quer que seja esse lugar misterioso. Pneus velhos NÃO devem ser jogados na floresta à beira da estrada. Gente, parem de fazer isso! Pneus velhos são fábricas de reprodução de mosquitos.

Aparentemente, o ser mais mortal do planeta Terra não é o lobo, o urso pardo, o grande tubarão branco ou mesmo o ser humano (embora venha em segundo lugar). É o maldito e minúsculo mosquito. Quando ele pica você, injeta um anticoagulante para não engasgar com coágulos enquanto suga seu sangue. O anticoagulante é o que faz você se coçar. À medida que se alimenta, ele também injeta saliva na corrente sanguínea, e essa saliva pode transportar organismos que causam doenças fatais. É isso que o torna tão perigoso: sua saliva.

Confesso que fiquei nervosa em visitar mosquitos em uma jornada, mas eles estavam na minha lista para conversar porque são muito irritantes (e letais) para tantas pessoas. Não posso dizer que estava ansiosa pelo encontro, mas queria saber por que eles existem. Achava difícil imaginar, mas tinha que haver uma boa razão. Então eu mergulhei... literalmente.

Não é incomum eu ter uma imagem mental de andar ou pular na água no início de uma jornada. Basicamente, vou aonde os olhos da minha mente me guiam. Ao iniciar esta jornada, estava numa selva tropical, com um lago escuro e turvo diante de mim. Acredite, eu não queria entrar lá. Mas, racionalmente, sabia que ficaria bem — eu não acordaria da minha jornada molhada e suja. Afinal, estava segura no meu sofá. Aquela piscina de água é o que apareceu diante de mim como o lugar para ir, então eu fui.

Assim que mergulhei, transformei-me numa larva de mosquito se contorcendo. Então flutuei até a superfície, emergi da água e voei. De alguma forma, me acomodei nas costas de um homem suado e bebi seu sangue. Estava uma delícia. Quente. Eu acasalei. Coloquei ovos. E morri.

Eu estava morta e nada estava acontecendo.

Humm... Oi? Olá?! Nada parecia estar acontecendo.

— Me leve ao seu líder! — gritei para o vazio.

Estranhamente, fui transportada para o que só posso descrever como um centro de comando de uma nave espacial, e um mosquito gigante estava diante de mim.

— Estamos em guerra com os humanos desde que vocês chegaram — disse Mosquito.
— Mas vocês não precisam de nós para comer? — perguntei.
— Tendemos a matar o que amamos.
— Quê?
— Tendemos a matar o que amamos. De qualquer maneira, há humanos demais no planeta. Faça seu dever de casa e retorne. Por que eu deveria ajudar vocês? Para poderem nos erradicar?

Isso estava se tornando uma jornada muito estranha e eu não me sentia bem-vinda. Quando me virei para ir embora, Mosquito enfiou a probóscide na minha cabeça e injetou algo no meu cérebro (provavelmente cuspe).

— Volte depois de fazer seu dever de casa. Tendemos a matar o que amamos — repetiu.

Saí da jornada e tive que admitir que foi uma crítica justa. Eu não tinha feito meu dever de casa. Não sabia quase nada sobre mosquitos, exceto que eles eram muito irritantes e potencialmente letais. Pensei na afirmação "tendemos a matar o que amamos" e me perguntei: não existem muitos assassinatos humanos devido à violência doméstica — acessos de raiva, ciúme, crimes de honra? Tendemos a matar o que amamos. Mas como isso se relaciona com os mosquitos?

Comecei a pesquisar e uma das primeiras coisas que descobri é que os mosquitos são velhos. Têm pelo menos 236 milhões de anos. Isso é muito mais antigo do que os humanos.

Apenas a fêmea infectada do mosquito *Anopheles* causa malária. Na verdade, entre praticamente todos os mosquitos (e há mais de 3 mil espécies), apenas as fêmeas picam. E não espalham só malária: tem a febre do Nilo, febre amarela, chikungunya, zika e dengue. Essas doenças são responsáveis por cerca de 5% das mortes anuais de seres humanos em todo o mundo — quase 1 milhão por ano. (Isso apesar de as doenças resistentes aos antibióticos estarem aumentando devido ao uso indevido de antibióticos para engordar o gado.)

Na verdade, a taxa de mortalidade humana causada por homicídios está próxima da taxa de mortalidade causada pela malária. Enquanto escrevo este livro, a taxa de morte anual devido à covid-19 é muito maior do que as mortes por doenças transmitidas por mosquitos e assassinatos combinados. Vivemos num mundo mortal. E os mosquitos são apenas um pequeno lembrete disso.

Nas áreas quentes do hemisfério norte, os mosquitos têm sido um incômodo, não uma ameaça à vida humana. Contudo, à medida que as jornadas e o comércio globais aumentaram, as temperaturas médias continuam a elevar e os humanos criam ainda mais habitats onde os mosquitos se proliferam — e as doenças tropicais se espalham rapidamente.

Tudo isso é interessante, mas continuei voltando ao assunto: *só as fêmeas dos mosquitos picam*. Elas não têm ferro ou proteína suficiente para seus ovos, então precisam obtê-los de uma fonte externa — o sangue. (Ironicamente, acredita-se que esse também seja um dos motivos pelos quais os humanos começaram a comer carne: porque nós, mulheres, precisávamos de ferro e proteína extras para gerar nossos bebês.) O sangue vai direto para o estômago do mosquito, é digerido e transformado em ovos. Nos mosquitos, apenas as fêmeas que já tiveram um lote de ovos espalham doenças. Pense sobre isso por um minuto: os mosquitos por si só não carregam doenças, eles as pegam em suas fontes de sangue (nosso ou de outros animais). E a única forma de espalharem uma doença é se estiverem voltando ao "poço" pela segunda vez. Durante a vida, um mosquito fêmea não consegue botar mais do que três lotes de ovos (até quinhentos ovos no total). Então, o número de mosquitos que causam doenças é relativamente pequeno. Na verdade, são as senhoras mais velhas. (Isso me leva a perguntar se historicamente a obsessão masculina pela pureza nas mulheres tem a ver com o medo de contrair doenças. Talvez. Ainda assim os homens com múltiplos parceiros e/ou parceiras são provavelmente os que mais espalham doenças sexuais. Mas estou divagando...)

Fazendo uma pausa na leitura sobre mosquitos, decidi assistir à TV. Nerd que sou, minhas opções favoritas são quase sempre documentários. Percorri as opções. Hmmm. Eu nunca tinha assistido ao documentário da PBS sobre Rachel Carson. Já tinha lido *Primavera silenciosa*, que muitos ambientalistas que respeito citam como o gatilho para o seu despertar. Também recebi o prêmio Rachel Carson da Audubon Society há muitos anos. Fiquei surpresa por não ter assistido a esse documentário antes.

Bem-vindo de volta à magia da Trilha de Livros (que também é trilha de filmes e documentários). É a magia que acontece quando sigo meu instinto ao escolher o que ler ou assistir e acaba sendo exatamente sobre o que preciso aprender.

Sim, eu me lembro que Carson havia escrito sobre dicloro-difenil-tricloroetano (DDT), mas o documentário mostra as imagens e sons reais da época em que a autora estava escrevendo. Incluindo a voz masculina profunda e autoritária no estilo protestante anglo-saxão proclamando que, através do milagre da química e do DDT, o homem agora *ganhou* a guerra contra o mosquito e irá ERRADICÁ-LO da Terra, acompanhada por imagens em preto e branco de um caminhão espalhando nuvens de pó branco sobre crianças comendo sanduíches numa mesa de piquenique e aviões esguichando poeira branca sobre campos e bairros suburbanos. A arrogância é constrangedora de assistir. Claro, a humanidade erradicou muitas espécies, a maioria por acidente ou pelo prazer do esporte sangrento, como o pombo-correio, coitado. Esse pássaro nunca bicou, infectou ou ameaçou ninguém. Na verdade, ajudou as pessoas, levando mensagens de um lugar a outro em nosso nome. De acordo com os registros, era delicioso de comer. Então, como agradecemos? *Pow*. Morto.

É normal que muitas pessoas queiram ser heroicas, queiram salvar o dia. Os humanos se esforçam para eliminar os inimigos e controlar o mundo, a fim de proteger a própria descendência das doenças e da morte e, ainda mais importante, para proteger e expandir a riqueza que possuem. Só que a matança (de outras pessoas, pragas, supostos inimigos) não resolve os nossos problemas. Conforme ilustrado no documentário e em milhares de estudos científicos, quando tentamos matar coisas como insetos, ervas daninhas, vírus ou bactérias em grande escala, elas desenvolvem resistência e retornam ainda mais fortes, exigindo intervenções ainda maiores e químicos mais poderosos para intensificar a luta. Como subproduto de nossas tentativas de genocídio inseticida e bactericida, também matamos outras coisas das quais precisamos e amamos, como borboletas e abelhas, pássaros, bactérias boas essenciais à nossa saúde, e os anfíbios. Isso leva a uma escalada química, genética ou militar em que acabamos por matar... a nós mesmos. Acabamos matando aquilo que AMAMOS.

Ah. Agora eu entendi.

Os mosquitos são parte integrante de uma cadeia alimentar muito maior. Os machos não picam nem sugam sangue, mas comem o néctar das plantas. Eles são polinizadores. As larvas do mosquito servem de alimento para libélulas, peixes, pássaros, alguns sapos e rãs, tartarugas, aranhas e formigas. As larvas que vivem na água também comem algas e bactérias, o que ajuda a manter a água limpa. *Eles mantêm nossa água limpa.* Isso é importante!

Qual é, então, a resposta para o "problema" dos mosquitos e das doenças? Bom, como meu avô gostava de dizer, *prevenção*. Em pequena escala, prevenir a criação de mosquitos é reduzir a água parada, como em pneus velhos, vasos e até mesmo em recantos de plantas como as bromélias. Numa escala maior, em locais como América do Sul e África, onde as doenças transmitidas por mosquitos constituem ameaças graves, especialmente para crianças, trata-se de saneamento básico e fornecimento de água potável, habitação segura, telas nas janelas e assistência médica, incluindo vacinas. Redes mosqueteiras sobre as camas são boas, mas acontece que a maioria das picadas de mosquito ocorre durante o dia. Precisamos encontrar maneiras de prevenir e curar em nós as doenças transmitidas pelos mosquitos para que uma picada de mosquito fêmea não nos infecte.

Mosquitos geneticamente modificados (mosquitos machos estéreis) foram soltos na natureza na Flórida. Esta *não* é uma solução ideal. Se esta técnica eliminar com sucesso as populações de mosquitos, os resultados seriam catastróficos para insetos, pássaros e animais que se alimentam deles, e a qualidade da água diminuiria de modo drástico.

Os seres humanos devem se comprometer a criar um ambiente em equilíbrio com a natureza, onde a cadeia alimentar natural possa prosseguir normalmente. Como fazemos isso? Penso muito nessa questão. Isso não pode ser feito eliminando populações inteiras de "pragas".

Algumas pessoas argumentaram que precisamos limitar o crescimento da população humana para vivermos em equilíbrio com a natureza. No passado, os humanos criaram métodos horríveis para "controlar a população" de "grupos indesejados". Os defensores da eugenia assassinaram, prenderam e esterilizaram secretamente os grupos que consideravam indesejáveis, levando a traumas horríveis e sofrimentos terríveis. Não há absolutamente nenhuma situação em que esse tipo de comportamento seja aceitável, embora isso ainda aconteça hoje.

Qual é a maneira mais produtiva de criar equilíbrio? Educação. Especialmente a educação de meninas e mulheres. Quando isso acontece, elas compreendem como funciona o próprio corpo. Se viverem numa cultura que lhes permita, podem decidir por si próprias quantos filhos querem ter e depois cuidar dessas crianças com maior atenção e estrutura. É também mais provável que assumam papéis de liderança no governo e nas empresas que protejam e promovam o desenvolvimento saudável de crianças no futuro (razão pela qual a educação para as meninas é tão ameaçadora em culturas patriarcais). Mas a educação dos rapazes e dos homens também é essencial, ainda mais quando ensinados a se comunicar e se conectar com os outros de maneira positiva e construtiva — em particular com meninas e mulheres, que são vitais para a sobrevivência. A população humana global poderá diminuir naturalmente ao longo do tempo, proporcionando uma brecha para que os humanos e a natureza vivam em harmonia entre si.

Agora, antes que os capitalistas entre vocês se desesperem com o declínio populacional porque o capitalismo é um sistema que requer crescimento contínuo (não vou citar nomes, mas vocês sabem quem são), continuem lendo. Essas mudanças precisam ser acompanhadas de um novo modelo econômico que não dependa do crescimento sem fim e da domesticação (também conhecida como servidão) das mulheres para realizar todas as tarefas domésticas. Isso exigiria não apenas educação, mas uma mudança cultural radical em quase todas as culturas ao redor do mundo. Os homens terão de carregar o próprio peso doméstico — ou realmente pagar para que outras pessoas façam isso por eles. Na minha opinião, é o medo desse tipo de mudança que agora alimenta uma reação contra o feminismo, do Texas à Coreia do Sul.

Alguns homens que conheço temem o declínio populacional devido à perda potencial da nossa civilização ou da consciência humana. Entretanto, quanto mais jornadas eu faço, percebo que a consciência não pode ser destruída. Ela existe com ou sem nossos corpos. E toda civilização e cultura evoluem e mudam ao longo do tempo. É natural!

As pessoas precisam aprender a viver em equilíbrio com a natureza e *umas com as outras*. Quando homens e mulheres (e todo mundo) forem *verdadeiramente* livres, educados e amados, seremos mais capazes de cuidar do mundo que nos rodeia — e de aproveitá-lo mais!

É bem possível que não precisemos reduzir a nossa população para viver em harmonia com a natureza. Mas, nesse caso, a educação é ainda mais essencial, porque devemos aprender a criar e inventar novas formas de viver nesta Terra tão especial.

Se nós, humanos, não nos comprometermos a ser bons administradores do meio ambiente — mesmo que não gostemos do que isso exige de nós —, a natureza cuidará do meio ambiente à própria maneira. E o mosquito ficará bem. Ótimo, na verdade. Entretanto, nós, seres humanos, seremos dizimados por cada vez mais doenças, espalhadas não apenas pelos mosquitos, mas pela nossa própria ignorância.

Depois de assistir ao documentário de Rachel Carson, encontrei coragem para assistir a outro, apropriadamente chamado de *Mosquito* (é óbvio). Foi uma experiência deprimente, e percebi em seguida que precisava viajar outra vez para falar com Mosquito e Morcego. Afinal, mosquitos e morcegos são parceiros — predador e presa.

Decidi que viajaria na manhã seguinte. No meio da noite, acordei com estas palavras na cabeça: "Não é o mosquito que é o vetor da doença, somos nós. Nossas viagens. Nosso lixo. Nossas toxinas. Nossa trágica crença de que matar algo fará com que desapareça." Enviei essa mensagem por e-mail para mim mesma e voltei a dormir.

Uma das histórias mais deprimentes do documentário sobre mosquitos era como eles se reproduziam em pneus abandonados. O que eu não sabia antes de assistir a *Mosquito* é que pneus velhos são enviados para todo o mundo. Se os mosquitos põem ovos na água presa num pneu e depois a água seca, esses ovos ainda podem eclodir quando voltam a se molhar. Mesmo que o pneu tenha parado num continente diferente. Os mosquitos mais letais estão se espalhando por toda parte em pneus velhos. E como as alterações climáticas estão causando aquecimento generalizado, eles podem sobreviver mais ao norte e o raio de influência se espalhar cada vez mais. Pneus de carro. Malditos pneus de carro.

Na manhã seguinte, comecei minha segunda jornada.

Entrei imediatamente na nave-mãe de Mosquito e pedi desculpas por minha ignorância na visita anterior.

— Como podemos aprender a coexistir pacificamente uns com os outros? — perguntei.

— Ah, agora você está fazendo a pergunta certa — disse Mosquito. — Vocês devem curar as doenças dentro de *vocês*. Parem de matar predadores naturais. Cuidem do seu próprio povo. Acabem com a pobreza e a miséria. Parem de aquecer o planeta. Se isso continuar, os mosquitos serão a menor de suas preocupações.

Dessa vez, ele falou com gentileza. Eu me senti humilde e grata. Nós até nos abraçamos. Foi estranho, mas ainda assim foi um abraço.

— Agora, vá falar com Morcego.

Fui dispensada. Voltei para a caverna dos morcegos e a mulher das cavernas estava lá.

— Ah, você de novo não! — murmurei.

A última vez que a vi, ela me assassinou e comeu meu coração. Dessa vez, ignorou meu comentário e me entregou a mesma mistura de folhas que comi na minha visita anterior. Eu comi e me encontrei com Morcego. Na verdade, tive que acordá-lo.

— Me desculpe por não ter perguntado antes, mas qual é o seu trabalho e o seu propósito?

— Meu trabalho é manter a natureza em equilíbrio.

— Como posso ajudá-lo?

— Diga às pessoas para nos deixarem em paz, até aos cientistas e pesquisadores. Eles precisam respeitar nossas casas! Não faríamos com eles o que fazem conosco. Diga a eles para tirarem a cabeça dos malditos tubos de ensaio. Vocês não conseguem entender nada a menos que olhem para o todo. A teia da vida é *real*.

Eu agradeci. O tambor ainda estava tocando e eu não tinha certeza do que fazer a seguir. Então me vi na rede elétrica ou na teia pela qual tinha voado durante minha jornada anterior como morcego. Comecei a pular na teia como se fosse um trampolim. Eu estava me divertindo um pouco, mas de repente um morcego apareceu e me comeu. "E agora?", me perguntei. Antes que pudesse perceber, ele me lançou como cocô na minha varanda lateral, onde estão todos os outros cocôs de morcego. Ele me trouxe para casa.

A jornada acabou.

Pensando nessa jornada, começo a perceber que, depois que viajo para falar com um ser de quem inicialmente tenho medo, começo a sentir carinho e amor genuíno por ele. Isso acontece porque aprendemos a confiar e a nos conhecer. O que antes era um aborrecimento se torna um amigo verdadeiro. Aprendo a apreciar o que uma vez quis eliminar e percebo que esses seres não são tão ruins, afinal. Não são inimigos e também têm sentimentos. Na verdade, o sentimento que carrego após uma jornada é o amor. Sinto meu coração amolecer e aquecer de maneiras que seriam impossíveis fazendo uma análise intelectual do papel de uma criatura na natureza — ou mesmo assistindo a um documentário.

E é por isso, meus amigos, que a jornada é uma ferramenta tão valiosa. Fazer pesquisas não muda meu coração. É somente por meio de uma relação pessoal de confiança que posso aprender a amar as coisas que antes apenas me aborreciam. Posso garantir que essas experiências mudaram também como me comporto no dia a dia, pelo que sou grata. Na verdade, as jornadas me fazem querer aprender ainda mais sobre essas criaturas — mas não como uma pesquisadora que entra numa caverna de morcegos sem levar em conta os sentimentos e direitos de tudo o que vive lá. Devemos aprender a respeitar as casas e as famílias uns dos outros. Devemos parar de matar o que amamos. E devemos parar de matar as coisas que não amamos. Porque *alguém em algum lugar* as ama.

Não tenho dúvidas de que daqui a 236 milhões de anos os mosquitos ainda estarão aqui na Terra. Nós? Provavelmente não. Quero dizer, quantos pneus haverá na Terra em 236 milhões de anos se não mudarmos nosso modo de viver? Muitos.[5] E não, mandá-los para o espaço, como Jeff Bezos acha que deveríamos fazer, não resolverá nosso problema. Nem enviá-los para Marte. A teia da vida também está lá. Só não aprendemos a ver isso ainda.

Acho que vou deixar minha pilha de pneus coberta de musgo exatamente onde está, como um lembrete de que todas as nossas ações têm consequências. E que, para não matarmos mais o que amamos, temos que parar de tentar eliminar as coisas das quais não gostamos.

Graças a Deus pelos repelentes!

Obrigada, Mosquito. E mais uma vez, obrigada, Morcego.

---

[5] Desde então, aprendi que a poluição por partículas provenientes de pneus de automóveis é milhares de vezes pior do que as emissões de gases de escapamento dos automóveis. Alguém precisa inventar uma nova maneira de se locomover. Por favor.

Tulipeira

Percorra o caminho do amor.

JORNADA: 5 DE NOVEMBRO DE 2021

Minha casa está situada entre duas árvores muito altas, que conheço como choupos-tulipa. Elas são enormes, mais ou menos da altura de um prédio de sete andares. Apesar do nome, não são muito intimamente relacionadas com choupos, embora cresçam tão rápido quanto eles. As folhas verdes e brilhantes têm o formato de tulipas e, na primavera, os galhos ficam cobertos de flores amarelo-alaranjadas que parecem tulipas também. *Liriodendron tulipifera* tem muitos nomes comuns que incluem a palavra *tulipa*, mas também é conhecida como madeira branca, violino e choupo amarelo.

Os lenapes usavam essas árvores para construir canoas, pois os troncos são altos e retos, grossos e fortes. Os primeiros colonizadores europeus as chamavam de "árvores de canoa". Como não preciso de canoas, vou deixá-las crescer e ver quão altas ficam enquanto ainda estou viva. Elas são a árvore de madeira nobre mais alta do Oriente.

Fiquei encantada ao descobrir que os choupos-tulipa são a madeira preferida para construir órgãos. Adoro um órgão gigante tocado com gosto. Mesmo assim, não vou derrubá-los por nenhum motivo. São lindos demais.

No entanto, eles espalham sementes por toda parte. Devo ter arrancado pelo menos umas mil mudas do meu jardim. Algumas não tão mudas assim.

Depois da jornada do mosquito, precisei fazer uma pausa e viajar para algo que parecia mais benigno. Eu tinha notado como minhas duas árvores gigantes pareciam ficar de sentinela em cada lado da minha casa, na frente e atrás. Hmmm... fiquei pensando se isso tinha algum significado.

Uma das coisas que mais adoro nas jornadas é que a experiência pode ser surpreendente. Nunca sei para onde irei e o que aprenderei e verei.

Ao me preparar para essa jornada, pude sentir meu animal de poder ao meu redor como um cachorro que quer passear (mas meu animal de poder *definitivamente* não é um cachorro). Fiquei feliz em segui-lo por um caminho escuro para a terra. (Às vezes, é ela; outras vezes, é ele — eles estão além do gênero.)

No final do caminho, havia uma caverna escura onde alguns homens e mulheres indígenas, em trajes tradicionais, com miçangas e penas, estavam sentados em círculo ao redor de uma fogueira. Eles se levantaram para me receber e me curvei diante deles em saudação. Eles me defumaram e passaram um cachimbo sagrado de mão em mão. Fiquei sentada esperando para ouvir o que diriam. Um homem começou a falar:

— Achávamos que podíamos confiar nos brancos quando eles chegaram. Fomos seduzidos por suas contas coloridas, bebidas e bastões de fogo. Também não éramos anjos. Tivemos nossas guerras, nossa história, nossos contos. Talvez tenhamos sido reunidos para aprender como transformar e transcender com o objetivo de perceber que somos todos uma única tribo.

Ele me chamou de Pardalzinho, o que me fez chorar porque sei o presente e a honra que é uma pessoa indígena nos nomear.

Sentamos ao redor do fogo e demos as mãos. À medida que o fazíamos, o fogo se elevou e assumiu a forma de um choupo-tulipa gigante.

— As tulipas são seus avôs e avós. Estão lá para protegê-la e mantê-la em segurança. Quando você ama a natureza, começa a trilhar o caminho do amor, e é para isso que estamos aqui. Não existe mal na natureza.

— E o mal nas pessoas? — perguntei.

— Muitas pessoas fazem coisas muito ruins, mas esse é o caminho que elas escolheram. Você deve aprender a se proteger. Há tanto engano no movimento da Nova Era quanto em todas as igrejas.

— Como posso saber em que ou em quem confiar?

— Primeiro, confie no seu coração e na sua intuição. Então, você sempre poderá confiar na natureza. Ela pode ficar com raiva e se enfurecer, pode ser triste e perigosa, mas nunca é má. Nosso trabalho aqui é aprender a trilhar o caminho do amor em harmonia com a natureza, não importando cor, raça, religião ou gênero. Somos todos uma tribo nesta Terra — disse, antes de uma breve pausa. — Nós, como o choupo-tulipa, não podemos ser destruídos. Podemos ser abatidos ou mortos, mas nossos espíritos vivem para sempre. A tristeza da morte é real, mas temporária. Estamos aqui para aprender como amar, uns aos outros, a natureza e o Grande Espírito.

Então, me vi sozinha num lago escuro, numa canoa oca. Era uma noite deslumbrante, uma paleta de azul-escuros do céu noturno e verde-escuros das árvores que margeavam a costa. A água era um espelho refletindo as estrelas. Deitei-me na canoa, olhando para a vastidão do universo. Lá, olhando para mim com amor, estavam as imagens estelares de uma avó e de um avô. Eu agradeci a eles. Agradeci às pessoas com quem conversei e agradeci ao meu animal de poder. A jornada terminou e me senti cheia de amor e gratidão.

A primeira coisa que fiz depois de anotar tudo que lembrava dessa jornada foi procurar o significado do pardal num livro chamado

Animal Speak, de Ted Andrews. Dizia: "O pardal nem sempre foi considerado a praga que é hoje. É uma ave alegre e assertiva que pode resistir a muitas formas de predação."

Sim. Isso parece certo.

Você se lembra de que o arquiteto que trabalhou comigo para projetar minha casa disse ser um xamã? Seu nome é Michael Jonn. Anos depois de minha casa ter sido concluída, perguntei se ele poderia me recomendar um livro sobre xamanismo. Ele recomendou Ted Andrews.

Andrews foi professor, místico e autor de vários livros, incluindo *Nature-Speak* e *Animal Speak*, que são fontes incríveis para compreender a história, o simbolismo e os significados de plantas, animais, insetos e outras criaturas. Seus livros devem ser usados como ferramentas para nos ajudar a compreender e ouvir o que a natureza tenta comunicar. Esses dois livros me iniciaram no meu caminho e me abriram para observar, ouvir e reconhecer que tudo na natureza é importante. Os cartões do oráculo *Nature-Speak* me guiaram em alguns dos meus momentos mais difíceis e me ensinaram a confiar na minha intuição e no meu coração.

Senti que a descrição do pardal feita por Andrews era muito adequada para mim. Comecei a prestar atenção em outras referências a pardais. Especialmente os menorzinhos. (Dolly Parton, estou falando com você.)

Algumas semanas depois, me deparei com um vídeo fascinante no TikTok sobre a guerra de Mao Tsé-Tung contra os pardais, da qual eu nunca tinha ouvido falar antes. Em 1955, o presidente Mao, líder da China comunista, estabeleceu o objetivo de o país se tornar autossuficiente na agricultura através do modelo de agricultura industrial coletiva estabelecido pela União Soviética.

Em 1958, Mao lançou a campanha das Quatro Pragas para erradicar moscas, mosquitos, ratos e pardais como parte do que foi chamado de Grande Salto. A história diz que o presidente estava visitando uma fazenda e viu um pardal bicando um pouco de arroz. Após a única declaração de Mao dizendo que o pardal era prejudicial à agricultura na China, o povo "se revoltou" contra esses animais e, nos cinco anos seguintes, matou todos eles. Sério. TODOS ELES.

Mas o que aconteceu a seguir não foi o que eles esperavam. Os pardais não estavam comendo arroz, estavam comendo gafanhotos. Esse erro grosseiro, juntamente com uma grande seca e um tufão, levou à Grande Fome. A campanha (que também incluiu a coletivização de todas as terras agrícolas e o uso de uma grande quantidade de produtos químicos agrícolas) foi um fracasso total. Depois da campanha, a China precisou importar 250 mil pardais... da União Soviética.

O Grande Salto de Mao foi, na verdade, um Salto de Morte e Destruição.

A estupidez humana — geralmente motivada por ego, arrogância e ganância, e até por um falso sentimento de patriotismo (o povo chinês *achava* que estava fazendo a coisa certa pelo país) — parece não ter limites. Continuo chocada com o que aprendo sobre todos os nossos erros. (Sou profundamente grata pela internet e pelas redes sociais, porque fornecem acesso a uma incrível variedade de informações que não eram tão acessíveis antes.) Estima-se que a campanha Quatro Pragas, combinada com a Revolução Cultural (de 1966 a 1976) resultou na morte de cerca de 20 milhões de pessoas na China. Isso é um lembrete de que todas as raças, religiões, etnias, partidos políticos e nações são capazes de comportamentos horríveis e brutais. São esses comportamentos que devemos tentar compreender e curar, em vez de continuar a empreender campanhas de erradicação contra algum grupo de seres vivos que atualmente nos incomoda — sejam eles humanos, pássaros, insetos, ervas daninhas ou animais.

Ironicamente, em 1973, durante os últimos dias da Revolução Cultural em que "intelectuais", "cientistas" e "elites" foram fuzilados nas ruas, meu pai fez parte do primeiro grupo de jornalistas convidados para viajar à China. Ele voltou com uma visão muito romântica da agricultura e sociedade chinesas. A propaganda funciona. Isso *não* significa que devemos demonizar o povo chinês. *Todos* nós fizemos coisas estúpidas. E *todos* merecemos compaixão. Não sou comunista e considero este um conceito contraditório. Tentar controlar as pessoas e tornar tudo justo e igual decapita o nosso desejo humano de expressão e realização pessoal, alegria e amor. Isso também não significa que eu acredite que o capitalismo (ou o socialismo) nos levará aonde queremos ir. Como gosto de lembrar às pessoas, Adam Smith, o principal fundador do capitalismo, morava com a mãe, que cozinhava todas as suas refeições, lavava suas roupas e mantinha a casa limpa "de graça". Nós *realmente* precisamos de um novo modelo econômico. A teoria econômica atual (valor para os acionistas em detrimento do valor para todos, sem qualquer valoração da natureza) é um impulso para crescimento, lucros e riqueza perpétuos. É da natureza humana lutar pela dominância, pela autorrealização, pela liberdade. A nossa necessidade mais profunda é a liberdade de *criar* — música, arte, negócios, casas, famílias, paisagens ou ideias. Mas a natureza nunca está em crescimento perpétuo, ela é composta de ciclos e ondas. Estações. Ciclos lunares. Dias e noites. Dormir e acordar. Nascimento e morte. Quanto mais pudermos navegar nos ciclos da natureza, mais seremos capazes de criar magia. E amor.

Somente ao percorrer o caminho do amor é que chegamos a algum lugar que vale a pena ir. O amor valoriza *tudo e todos*.

Poucos dias depois da jornada, estava coletando gravetos e decidi visitar as tulipeiras atrás de casa. São as árvores que olho pela janela sempre que estou tomando banho, então as conheço bem à distância. Me aproximei e as vi como se fosse a primeira vez. A princípio, é difícil discernir se são duas árvores ou apenas uma. Elas estão unidas na base e também a alguns metros do chão, como se estivessem se beijando. Fiquei feliz e triste quando olhei para elas. Essas árvores representam o meu sonho de amor verdadeiro — juntos, mas também diferentes. Unidos, mas capazes de alcançar o céu de forma independente. Talvez um dia eu encontre algo parecido. Talvez não. Talvez aqueles dois troncos de árvore representem o masculino e o feminino dentro de mim, equilibrados, entrelaçados, contentes.

De qualquer forma, estou feliz por continuar percorrendo esse estranho caminho mágico do amor e ver aonde ele leva, sabendo que meus ancestrais estelares estão me vigiando e protegendo com amor.

Obrigada, Tulipeira.

Cardo

Cave fundo.

JORNADA: 11 DE NOVEMBRO DE 2021

A maioria dos jardineiros odeia cardos. Eles têm caules e folhas afiados e espinhosos. As flores roxas são lindas, mas se transformam numa bagunça fofa quando germinam. Também sou conhecida por me ressentir dos cardos e por puxá-los com as mãos. Não estou contando isso para me gabar, mas com o objetivo de alertá-lo para não fazer o mesmo. (Serei sincera: continuarei fazendo.) Mais de uma vez, acordei no meio da noite com um dedo latejando, exigindo atenção por causa da farpa de um cardo. Cada uma delas é como um minúsculo caco de vidro, tão fino e transparente que preciso encontrar minha lupa e procurar as luzes fluorescentes no meu armário da despensa da cozinha (também conhecido como consultório médico) para arrancá-los. Só assim posso voltar a dormir, pelo amor de Deus.

Os espinhos afiados, pontiagudos e difusos que podem causar dores terríveis protegem os cardos de serem comidos por animais. Sim, a planta é comestível, por isso precisa de proteção. Mas a maioria dos relatórios afirma que eles não valem o esforço. Existem cerca de sessenta espécies de cardo que vão desde as muito adoradas, como a alcachofra, até aquelas consideradas ervas daninhas nocivas pelos agricultores. Na verdade, os cardos são benéficos. As flores são muito populares entre os polinizadores (incluindo borboletas-monarcas e várias outras). As sementes são uma fonte essencial de alimento para os pássaros, especialmente para o lindo pintassilgo. E a penugem que voa por todo lado quando as sementes são liberadas da planta são materiais excelentes para nidificação de pássaros. Se eu fosse um pássaro, gostaria de ter um ninho feito com essa penugem. É como o suéter de caxemira dos ninhos.

Mas não sou um pássaro. Eu cresci com o lembrete frequente de "semente de um ano, ervas daninhas de sete", então, dentro dos limites do meu quintal, tentei eliminar o cardo — mesmo sabendo que é um jogo que nunca vencerei. Suas raízes podem alcançar até 4,5 metros de profundidade e se espalhar por até 4,5 metros de largura. Quando coloco uma pedra grande em cima de um cardo para bloqueá-lo, ele contorna a pedra. O que funciona é plantar espécies um pouco mais agressivas para vencê-lo. Por exemplo, eu tinha um canteiro ruim de cardo em um canto do meu jardim, então plantei raiz-forte, que, como o próprio nome diz, tem uma raiz principal forte e profunda, e hortelã-brava, que é a planta mais agressiva que você pode encontrar. Aquele canto do jardim está lindo, se assim posso dizer. E se eu precisar de alguma raiz-forte fresca, sei onde encontrar.

Minha jornada para o Cardo foi muito breve e direta (ai!). Fiz a jornada em novembro, quando toda a vida já havia retornado às raízes, então fui ao Submundo. Tive a sensação de que era ali que estaria a mensagem.

Segui as raízes terra adentro. E então Cardo falou:

— Nós cavamos fundo para trazer coisas à superfície e compartilhá-las com pássaros e abelhas. Cave fundo, cave fundo.

Ele repetia aquilo sem parar.

— Nos dê algum espaço para trazer à superfície coisas para compartilhar. Nossas flores alimentam nossos amigos e seus amigos. Então nossos filhos, nossas sementes, voam por conta própria, e nós os deixamos livres enquanto cavamos profundamente.

Vi um céu azul cheio de penugens de sementes rodopiantes e as observei voarem para lugares desconhecidos. E foi isso.

Como eu disse, foi uma jornada breve. No entanto, como acontece com muitas outras, saí com uma mudança de perspectiva, passando de cética e irritada para impressionada, grata e cheia de amor. De repente e surpreendentemente, quero mais cardos no meu jardim. Tudo bem, talvez isso seja um exagero. Apenas não vou mais rotulá-lo como nocivo ou praga. Afinal, adoro os pássaros que comem suas sementes, e as borboletas e abelhas que bebem seu néctar. As penugens rodopiantes voando em direção às próprias aventuras é algo que as crianças consideram mágico. Talvez ainda seja mágico, mesmo quando crescemos. Que mal há em deixar cardos crescerem na natureza? E o que podemos aprender se reservarmos um tempo para nos aprofundarmos em nossas vidas?

Cave fundo (30 centímetros). Meu primeiro pensamento foi deixar nossos filhos seguirem sozinhos enquanto nos enraizamos e cavamos fundo para descobrir nossos próprios dons. Não há pais o suficiente fazendo isso. Muitos pais mantêm um controle firme sobre a vida e os sonhos dos filhos. Meus pais fizeram isso comigo (olá, negócio de família). Nós não somos nossos pais. Não somos os pais dos nossos pais. E ainda assim somos todos sementes de suas sementes.

Cave fundo (60 centímetros). À medida que me aprofundo na história do cardo, encontro tesouros. Por exemplo, cardo-de-leite, *Silybum marianum*. (Diga isso em voz alta e sorria.) Também é chamado de cardo-de-Nossa-Senhora, cardo-santo ou cardo-de-Santa-Maria, em homenagem à Virgem Maria. O fluido leitoso que sai do caule quando o cardo-de-leite é colhido é supostamente evocativo do leite de Maria que alimentou o menino Jesus.

Cave fundo (90 centímetros). Embora alguns acreditem que o cardo tenha propriedades curativas — sobretudo para o fígado e a digestão —, não é universalmente aceito nem cientificamente testado. Minha mãe injetava todos os dias uma quantidade de cardo-de-leite quando teve câncer de mama, mas isso não a curou.

Cave fundo (1,2 metro). Retorno a Ted Andrews e *Nature-Speak*. O que ele tem a dizer sobre o cardo?

> *Estamos muito na defensiva? Estamos expostos a reclamações e críticas constantes? Estamos fazendo tudo o que podemos para nos ajudar? Precisamos limpar algum aspecto da nossa vida? O cardo nos lembra de nos mantermos orgulhosos de quem somos e não ter medo de nos defender. Existe algo chamado raiva justificada, e temos o direito de nos defender das críticas dos outros. Quando o cardo aparecer, é hora de fazer isso.*

Interessante. Não sei se Ted Andrews está correto, mas essas são sempre boas perguntas para se fazer e considerar.

Cave mais fundo (1,5 metro). O cardo faz parte da família do girassol e da margarida, e os pássaros e as abelhas adoram esse tipo de planta. Engraçado como as plantas também têm famílias. Eu me pergunto como a pessoa que decidiu colocar o girassol e o cardo na mesma categoria tomou tal decisão. Cardos e girassóis se dão bem? Eu nunca os vi brigar. Os cardos são mais pontudos, só que os girassóis ficam mais altos. Eles devem se dar bem.

Cave mais fundo (1,8 metro). Lembro a parte da jornada em que as sementes fofas — os minicardos — dançavam ao vento. Você busca a glória refletida de filhos ou parceiros? Acho que a expressão "glória refletida" revela muito sobre a natureza humana. Vejo quando as pessoas escolhem relacionamentos por causa das conexões que farão. Quando alguém é bonito ou bem-sucedido, às vezes queremos estar por perto porque isso nos faz parecer ou nos sentir melhor com nós mesmos. Mas estamos desenvolvendo nossos sonhos enraizados em nossa identidade? Estamos nos conectando com outras pessoas com base em quem realmente somos lá no fundo? Essas conexões autênticas com os outros são mais duradouras e nos fazem sentir melhor sobre quem *realmente* somos. Às vezes, acho que precisamos aprender a ver com o coração, não com os olhos. Quantas vezes julgamos e valorizamos as pessoas com base no superficial, fazendo suposições pela aparência ou pelo comportamento, sem tentar entender o que é real? Essa é uma pergunta capciosa e só há uma resposta: com muita frequência. O cardo pode se identificar com isso.

Cave mais fundo (2,1 metros). Alguns tipos de cardos são "dioicos", o que significa que uma única planta às vezes produz flores masculinas e femininas. Depende. Acontece que os humanos são obcecados por definir gênero e orientação sexual. Mas a natureza é fluida em termos de gênero e bastante sexual. Será que enfim estamos nos permitindo cavar fundo o suficiente para descobrir nossa verdadeira natureza?

Cave mais fundo (2,4 metros). O que você enterrou profundamente e precisa ser trazido à tona? Muitas vezes é uma vontade secreta, um desejo sexual. Acredito que quanto mais a sociedade, os governos e as religiões tentam controlar os desejos sexuais das pessoas, mais eles se tornam clandestinos e criam forças destrutivas na vida de pessoas inocentes. Com demasiada frequência, são as figuras mais expressivas de autoridade moral que são pegas "de calça curta". O desejo sexual é algo normal, saudável e maravilhoso — se permitirmos que seja expresso livremente, com amor e consentimento, e sem prejudicar os outros.

Cave mais fundo (2,7 metros). Ouvi uma história verídica de um agricultor amigo meu sobre um agricultor menonita que foi visitar o pai no leito de morte. O pai era velho e viveu uma vida boa. Mas quando se aproximava da morte, disse ao filho:

— Lembra daquela fazenda que tínhamos anos atrás, à beira do rio?

— Sim, lembro — disse o filho.
— Lembra de como fiz você e seu irmão arrancarem cardos durante todo o verão?
— Sim, eu me lembro.
— Sabe, não ajudou em nada.

Cave mais fundo (3 metros). Está frio e escuro. Tranquilo também.

Cave mais fundo (3,3 metros). Espere, que som é esse? É como um zumbido, uma mastigação, um redemoinho. É o som da vida da terra, do solo e das rochas respirando, consumindo, vivendo.

Cave mais fundo (3,6 metros). Às vezes, tarde da noite, quando não consigo dormir, tento imaginar todas as coisas que estão acontecendo no planeta ao mesmo tempo, naquele momento. Todo o sexo. Todos os nascimentos. Todas as mortes. Todas as tragédias. Todas as alegrias. Toda a comida. Toda a defecação. Quando você adiciona a natureza a essa mistura, há uma bola gigante de atividade rodopiante, orgíaca e pulsante. Visualizar tudo de uma vez coloca em perspectiva quaisquer preocupações insignificantes que eu possa ter.

Cave mais fundo (3,9 metros). Eu me sinto segura aqui embaixo.

Cave mais fundo (4,2 metros). Está ficando mais quente agora.

Cave mais fundo (4,5 metros). Ah, posso ouvir. O batimento cardíaco da Terra. Parece amor.

Obrigada, Cardo.

Cervo

Sofrimento gera sofrimento.

JORNADA: 17 DE NOVEMBRO DE 2021

Quando minha família construiu essa casa na floresta, eu soube que queria — não, eu *precisava* — cercar o quintal com uma cerca para evitar os cervos. Caso contrário, nunca seria capaz de jardinar em paz. Durante toda a minha vida, ouvi jardineiros reclamando sobre cervos e sabia que precisava ser proativa. Só uma vez olhei pela janela e vi cervos pastando no meu quintal. Uma árvore caiu em cima da cerca e eles pularam por cima. Eu os enxotei para fora e consertei a cerca, às pressas.

Minha família e eu descobrimos que havíamos nos mudado para um território de caça privilegiado. Recebemos dezenas de pedidos para caçar cervos em nossa propriedade. (Até hoje.) As pessoas até se ofereciam para nos pagar milhares de dólares pelo acesso. Finalmente estabelecemos um relacionamento com uma família local que caça usando arco (armas não são permitidas). Em troca de acesso para caçar, eles abrem nossa entrada para veículos quando neva, ajudam a manter as trilhas desimpedidas e, vez ou outra, me trazem carne de cervo. A primeira vez que provei a carne de um cervo que pastava em minha terra foi uma experiência espiritual. Eu me senti conectada ao ciclo da vida — e *nutrida* — de uma forma que nunca havia experimentado antes.

As relações das pessoas com os animais são repletas de turbulências, principalmente quando se trata do que escolhemos comer ou não. Conversar sobre escolhas alimentares se tornou tão controverso quanto discutir crenças políticas ou religiosas. Parece que todas as pessoas estão dispostas a dizer o que há de "errado" na maneira como você come. Muitas vezes, com maldade. (Ou foi o que descobri.)

Há também uma dicotomia entre as pessoas que querem salvar os animais e aquelas que querem comê-los. Mas geralmente é uma divisão baseada em informações incompletas e num ideal romântico da nossa relação com os animais.

Um exemplo disso são os cangurus. Adoráveis! Quando os incêndios florestais devastaram a Austrália em 2019, manchetes em todo o mundo expressaram tristeza por todos os animais mortos (a imagem icônica da silhueta de um canguru contra um fundo em chamas se tornou o símbolo da tragédia). É triste, terrível, trágico. Mas *todo ano* centenas de milhares de cangurus são abatidos porque estão invadindo bairros suburbanos e comendo tudo em excesso — e eles não têm predadores naturais suficientes (os dingos) para manter as populações sob controle. Na verdade, você pode comprar abridores de garrafas feitos com testículos de canguru em lojas de presentes de aeroportos na Austrália, e, claro, na Amazon. (Aliás, comprei um enquanto estava no sertão australiano como um presente de brincadeira.) Em vez de abater os cangurus e vender as peles para couro e a carne para ração para animais de estimação, as pessoas poderiam comê-los e evitar que *milhões* de acres fossem sobrepastoreados por bovinos e ovinos, que não são nativos da Austrália.

Lucia e eu estivemos na Austrália no Natal e no Ano Novo de 2019, e ela ficou chocada porque comi canguru. Eu não a culpo. É normal ficar chocado com a ideia de comer algo fofo. Mas vacas são fofas. Os porcos também. Tenho amigos australianos que lamentam o fato de que deveriam comer canguru com mais frequência, mas seus filhos estão relutantes por causa do sabor. Quase não sinto nenhuma diferença entre canguru e carne bovina. E quanto mais canguru, búfalo e carne de cervo eu como, mais a carne bovina me parece estranha... quase rançosa. Falando em rançoso, a maioria da carne orgânica "fresca" produzida em pasto e vendida nas principais redes de supermercados dos Estados Unidos vem da Austrália ou da América do Sul. (Pelo menos é o que diz no rótulo.) Quando chega até você, já está naquela embalagem plástica há muito tempo. É um aspecto infeliz de um sistema alimentar que incentiva os consumidores a esperar um fornecimento consistente de qualquer tipo de alimento que desejem, ao preço que esperam, durante todo o ano. Cientistas descobriram que a carne de gado alimentado com pasto é mais saudável para o consumo humano do que a carne de gado criado com grãos (o que faz sentido, já que o estômago do gado é feito para comer capim). A mídia escreve sobre essa descoberta e então os consumidores começam a procurar carne bovina produzida no pasto. Depois, os supermercados se sentem pressionados a entregá-la aos clientes de forma consistente durante todo o ano — mesmo que isso exija que o fornecimento venha do mundo todo.

Em vez disso, encontre um agricultor local que ofereça carne orgânica *sazonal* (de preferência orgânica regenerativa) alimentada com pasto, se puder. Compre diretamente de um agricultor local e ignore todo o processo industrial da carne. (Agricultura é um trabalho árduo e tenho muito respeito pelas pessoas que cultivam alimentos e mantêm a humanidade alimentada, incluindo os agricultores da Austrália e da América do Sul. Mas temos que encontrar maneiras melhores de fazer isso sem destruir a Terra no processo.)

Honestamente, é um pouco idiota. Mas nós, humanos, somos conhecidos por sermos idiotas. (Se isso faz você se sentir melhor, passei a vida inteira estudando essas coisas e ainda fico confusa.)

A razão pela qual os búfalos não vagam mais pelas pradarias do Centro-Oeste e Oeste dos Estados Unidos (exceto onde foram reintroduzidos) é porque, durante o século XIX, os homens brancos mataram o maior número possível deles num divertido esforço esportivo para matar de fome os povos indígenas da região. Às vezes, a crueldade é o ponto.

Quando Temple Grandin falou naquela conferência na Califórnia que me ajudou a iniciar meu caminho xamânico, o que mais me impressionou foi sua descoberta de que muitas pessoas que trabalhavam em fazendas industriais e fábricas de processamento de carne realmente *gostavam* de machucar animais. Embora ela seja uma especialista em projetar sistemas de processamento de gado livres de crueldade, a alegria em machucar algo é uma falha que ela não conseguiu eliminar do sistema, por mais talentosa que seja em entender como ajudar os animais a sofrerem menos. Muitas vezes pensei que, quando comemos carne de animais que foram criados no sofrimento, ingerimos esse trauma.

Sempre fui uma amante de animais de estimação e de animais em geral. A fazenda onde cresci tinha ovelhas, bois, porcos, galinhas, gansos, perus e patos. Nós os comíamos. E sim, eu como todas as carnes. Como editora e escritora, testemunhei uma quantidade absurda de discussões sobre o que comer e o que não comer. Entre preocupações de saúde e preocupações ambientais — entre os consumidores de vegetais e os consumidores de carne —, ninguém consegue concordar em nada e todos os dias há uma nova moda alimentar. (As modas dietéticas sempre vendem bem, e é por isso que as pessoas as inventam.)

Entretanto, enquanto continuamos a argumentar, os animais são torturados em fazendas industriais. Os agricultores são mantidos em cativeiro pelas gigantescas corporações de processamento de carne. Os trabalhadores dos matadouros sofrem abusos e são mal pagos. Produtos químicos tóxicos são dados aos animais de fazenda para engordá-los sem levar em conta o bem-estar animal, para que as empresas alimentícias em escala industrial possam obter lucros maiores. Os resíduos animais das explorações industriais se transformam em resíduos tóxicos de metano, em vez de fertilizantes preciosos para os campos agrícolas. E todo mundo reclama do custo dos alimentos (e de seus problemas de saúde) e atribui a culpa ao "governo". (O governo somos nós e somente nós. O governo é *você*.)

Mas, ao mesmo tempo, os cervos comem de graça, da natureza. Eles fazem cocô na floresta, nutrindo o solo. E muitas pessoas estão dispostas a pagar muito dinheiro para caçá-los por diversão. Não faz sentido.

A carne de cervo é deliciosa. Os indígenas americanos entenderam que esses animais são uma parte essencial da alegria e do prazer de comer e viver. Eles usavam cada parte do animal para um propósito. Durante milhares de anos, os povos indígenas de todo o mundo dependeram da fonte local de proteína e prosperaram por causa dela

— graças aos cervos, búfalos, cangurus, salmões, baleias e focas. Sinto uma gratidão infinita e respeito pelos animais e peixes que sustentaram a humanidade desde o início do nosso tempo neste planeta.

Infelizmente, a maioria dos caçadores que conheço pertencem ao espectro político no qual os debates sobre alimentação e ambiente não acontecem, a menos que seja sobre o custo dos alimentos (eles querem que sejam baratos). Muitos caçadores até borrifam herbicida nas florestas para matar as plantas lenhosas e estimular os prados onde os cervos gostam de se alimentar. (É mais fácil caçá-los assim.) Alguns plantam milho transgênico para os cervos comerem. (Não na minha floresta!) Infelizmente, muitos cervos agora sofrem de doenças crônicas debilitantes devido à superlotação e também por serem alimentados por humanos. Os caras que caçam em minhas terras dizem: "Não alimente os cervos!"

Há mais de dezoito anos que gosto de observar as famílias de cervos pastando pelo meu jardim. Cada primavera, há uma nova ninhada de filhotinhos adoráveis. Geralmente há três filhotes, cercados por mães e tias e, às vezes, por um pai ou irmão. Eu estava muito ansiosa para encontrá-los numa jornada.

A jornada começou quando uma porta apareceu na árvore. Eu a atravessei e cheguei num prado verdejante cheio de cervos brincando e pastando. Senti um puxão em minha roupa. Olhando para baixo, descobri que estava usando um vestido branco. Um pequeno cervo mordiscou o tecido, puxando-me em direção a uma corça e a outro cervo, que eram os mais velhos. Nós nos curvamos em saudação e gratidão.

— Esperamos por muito tempo que viesse nos visitar. Obrigado por nos fornecer uma casa tão maravilhosa — disse Corça.

Perguntei se eles se importavam com os caçadores.

— Ah, não. É o nosso presente em agradecimento pela sua proteção. Sabemos que se formos muitos não haverá o suficiente para qualquer um de nós comer e todos passaremos fome.

Naquele momento, eu estava muito agitada. Como comecei a jornada com um pouco de fome, senti como se estivesse faminta.

— Por que estou tão agitada? — perguntei.

— Quando temos fome, ficamos agitados. A fome cria sofrimento, e sofrimento gera sofrimento.

Comecei a chorar e eles curvaram a cabeça para reconhecer o sofrimento que tantos animais enfrentam quando são criados em confinamento e miséria. Sofrimento gera sofrimento. Chorei por todos os humanos que estavam com fome e agiram mal porque só precisavam de algo quente e bom para comer. Sofrimento gera sofrimento.

Três anos antes, eu tinha percebido que não havia mais cordeiro orgânico disponível no supermercado local. Quando perguntei, disseram que os cordeiros que eles vendiam vinham da Austrália e que as inundações destruíram as fazendas de ovelhas. Parei de comprar cordeiro. Então, a poucos quilômetros da minha casa, uma pequena placa apareceu no final de uma entrada que dizia CORDEIRO, CABRA, OVOS. Eu podia ver as ovelhas reclinadas num prado verdejante (mais ou menos como aquele em minha jornada de cervos — na qual ainda estou, aliás). Ali estava um fazendeiro oferecendo cordeiro fresco, local e orgânico.

— Como aquele cara — disse Corça, mostrando-me uma imagem daquele agricultor e da sua quinta. — Essa é a maneira certa de criar animais para comer. Com amor e alegria, a nível local.

Corça e Cervo me entregaram um coração de veado fresco para comer. Não sou de comer vísceras, especialmente cruas. Mas eu sabia que era uma jornada e não ficaria enojada, e estava recebendo uma honra dos cervos. Então comi. Em troca, entreguei a ambos buquês de plantas do meu jardim (dentro da cerca para evitar os cervos), e eles os mastigaram em êxtase.

Então perguntei ao Cervo por que os humanos são tão obcecados em caçar veados e expor as cabeças das presas.

— Esses homens buscam a nossa dignidade, força e poder — respondeu ele. — Mas nos matar e exibir nossas cabeças não lhes dá isso. Nossa masculinidade vem da proteção de nossas famílias, mas também da liberdade que damos uns aos outros. Você não pode possuir felicidade, amor e alegria. Você só pode encontrá-los em liberdade. Mas não a liberdade que diz que só existe um tipo de liberdade. Você só pode encontrá-los na liberdade de ser selvagem e ainda assim proteger e cuidar uns dos outros.

Perguntei então o que eu poderia fazer para ajudá-los.

— Mantemos as coisas em equilíbrio, mas precisamos de mais selvageria para prosperar. Em troca, nós alimentamos você. Agora vá comer alguma coisa!

Saí da jornada e tomei café da manhã, grata por ter falado com os cervos. Eles foram tão calmos e suaves, gentis e calorosos. A força gentil do Cervo parecia o sonho do que a verdadeira masculinidade poderia ser. E a doce gentileza da Corça fez eu me sentir amada. Devo dizer que os animais e as plantas falam comigo de maneira mais sensata do que os humanos. Toda propaganda insistente para criar, vender e comer carnes "à base de vegetais" e outros alimentos processados só me deixa deprimida. A maioria deles são produtos complicados, comercializados para amenizar a culpa por comer carne e o medo do colapso ambiental que só será resolvido por meio da mudança de todo o sistema de como cultivar e colher os nossos alimentos, e não através da invenção de mais um tipo de alimento processado. (Não ficarei surpresa se receber mensagens de ódio sobre essa declaração. Peço desculpas antecipadamente por todas as pessoas que ofendi, especialmente meus amigos, a quem amo. Mas me mantenho firme quanto à minha posição.)

Um cervo é feito à base de plantas. Os cervos comem plantas e apenas plantas. O mesmo acontece com as vacas. Ovelhas. Cangurus. Búfalos. Os cervos alimentam os humanos desde o início dos tempos (tempo humano). É um alimento tão perfeito quanto possível.

Como mulher (eu) que deu à luz três filhas, teve três abortos espontâneos e suportou mais de 2.580 dias de menstruações intensas (que somam sete *anos* da minha vida), posso dizer que preciso de carne para sobreviver. Se a fêmea do mosquito precisa de sangue humano para ter filhos, faz sentido que eu precise de sangue animal para ter filhos. Acredito que nossas escolhas alimentares são pessoais e devem permanecer assim. Com uma exceção: sejam quais forem os tipos de alimentos que escolhemos comer, devemos nos educar sobre como esse alimento é cultivado e processado, porque *a forma como ele cresce afeta a todos nós*.

O Rodale Institute vem conduzindo um estudo científico, denominado *Farming Systems Trial* [Teste de Sistemas Agrícolas, em tradução livre], que nos últimos quarenta anos examinou sistemas agrícolas baseados em produtos químicos *versus* agricultura orgânica regenerativa. Tenho observado os resultados desse teste se desenrolarem ao longo do tempo. No início, o estudo se concentrou em saber se era mesmo possível cultivar organicamente e obter lucro. A resposta foi um sonoro sim — sobretudo durante secas e inundações, porque o solo orgânico absorve e retém água de forma mais eficaz do que o solo em fazendas convencionais (o que diminui significativamente a erosão). A agricultura orgânica também requer menos insumos de combustíveis fósseis, o que reduz os custos para os agricultores e os resíduos tóxicos no meio ambiente.

Em seguida, os pesquisadores começaram a estudar o solo mais de perto e descobriram que toda a vida no solo orgânico — as bactérias, os fungos micorrízicos e outras criaturas microscópicas — estava na verdade acumulando carbono no solo e armazenando-o nas raízes das plantas. O mesmo não pode ser dito do solo das fazendas convencionais, que armazenam carbono a uma taxa *muito* menor. Isso levou à profunda constatação de que a transição das explorações agrícolas convencionais para práticas orgânicas e ecologicamente corretas poderia remover enormes quantidades de carbono e mitigar alterações climáticas. É uma maneira simples, mas significativa, de reverter o acúmulo de carbono na atmosfera.

Os pesquisadores agora estudam se as culturas cultivadas organicamente são ou não mais nutritivas e melhores para o consumo humano. Os estudos estão em andamento e começam a documentar que sim, alimentos orgânicos são mais nutritivos em aspectos muitas vezes surpreendentes. Outros estudos científicos de outras organizações também demonstraram que a ingestão de alimentos orgânicos evita que pesticidas e outras toxinas entrem no nosso corpo, onde podem persistir e contribuir para problemas de saúde graves — então a nossa saúde se beneficia deles.

Contudo, o verdadeiro aprendizado que observei foi que, quanto mais tempo uma área de terra é cultivada de forma regenerativa e sem produtos químicos, mais saudável se torna o ambiente e a comunidade para *todos* (quer se coma produtos orgânicos ou não) — a água é mais limpa, o ar é mais limpo, os agricultores e os trabalhadores agrícolas não estão expostos a toxinas e a economia se torna muito mais resiliente e bem-sucedida. Os trabalhadores de todos os níveis do sistema se tornam mais ricos e saudáveis. E a terra se *cura*. Ela ganha vida e *prospera*.

O comentário número um que ouço das pessoas quando visitam o Rodale Institute é que parece mágico. Bom, ele é mesmo.

Quando trabalhamos em parceria com a natureza, *todos* nos beneficiamos.

Voltando aos cervos, enquanto fazia pesquisas para este livro, li um artigo sobre erva-alheira, uma das mais recentes "ervas daninhas invasoras", e o papel dos cervos na administração dessa planta. A abordagem clássica para ervas daninhas invasoras é desenterrá-las e removê-las (ou matá-las com herbicidas tóxicos). No caso da erva-alheira, isso traz à mente a palavra alemã *verschlimmbessern*, que significa "o ato de piorar algo enquanto tenta melhorá-lo".

O dr. Bernd Blossey, biólogo conservacionista da Cornell University, descobriu, depois de estudar a erva-alheira durante dez anos, que a melhor estratégia para controlá-la era deixá-la como está. Não apenas isso, mas há uma ligação estranha e ainda misteriosa entre a erva-alheira, minhocas e cervos. A lógica é a seguinte: quando minhocas invasoras não nativas infestam uma área e, ao mesmo tempo, há uma superabundância de cervos, essa área se torna o habitat perfeito para a erva-alheira se proliferar. Tentar matar a erva-alheira nesta situação a torna mais resistente. Se for deixada em paz, ela se "autorregula" e não se espalha mais. Portanto, a melhor estratégia para evitar que a erva-alheira se espalhe é abater o cervo *antes* que a erva-alheira invada uma área. Se os cervos fossem abatidos num nível que mantivesse a população em cinco a sete animais por milha quadrada, a erva-alheira e a doença de Lyme não seriam um problema, de acordo com o dr. Paul Curtis, especialista em vida selvagem do estado de Nova York em Cornell.

Para ter uma ideia, contei até 12 cervos apenas em meu quintal, que tem 39 acres. Existem 640 acres numa milha quadrada. E sim, tenho erva-alheira.

E aquelas minhocas invasoras? Bem, essa é uma jornada para outro dia e talvez para o meu próximo livro.

O equilíbrio interrompe o sofrimento. É o ciclo da vida. Tudo come e tudo desempenha um papel no ciclo, inclusive nós. Quanto mais o ciclo estiver equilibrado e harmonizado, maior será a probabilidade de todos conseguirem algo para comer e nada ser desperdiçado, e ficaremos todos menos agitados. Quanto mais cultivamos nossos alimentos com amor e bondade, em harmonia com todos os outros animais, sem produtos químicos e crueldade, mais nos sentimos nutridos por todo o processo.

Grande parte da história da guerra é a luta por recursos como alimentos, combustível, água, riqueza ou até mesmo mulheres. Se mudarmos a nossa abordagem para cooperar e colaborar em vez de dominar e destruir, tudo vai melhorar rapidamente.

Imagine se desviássemos nossa energia de lutar uns contra os outros para *alimentar uns aos outros*. Teríamos muito mais tempo para criar e brincar. Imagine se parássemos de escolher produtos ultraprocessados e transferíssemos nossa atenção para a criação de soluções gentis e sistemas locais resilientes baseados na natureza. Sempre haverá algumas pessoas que tentam ganhar bilhões — assim como sempre haverá cervos machos ou cangurus machos lutando entre si pelo domínio dentro dos rebanhos (o benefício é mais sexo e progênie). Não é apenas a natureza humana. É a *natureza*.

Mas, como rebanho humano, também podemos dirigir a nossa evolução em direções novas e melhores que aumentam a nossa resiliência como espécie em vez de destruí-la.

Todo animal tem um propósito e fica mais feliz quando o cumpre.

Todo ser humano tem um propósito e fica mais feliz quando o cumpre.

Nenhum dos nossos propósitos inclui apenas a reprodução. Ela simplesmente acontece. Essa é a linha de base da vida na Terra. Ter filhos não nos torna humanos. *Criar nos torna humanos.*

E a verdadeira magia e poder surgem quando nos conectamos uns com os outros — e com a natureza — e criamos com bondade e amor. Apenas nós podemos acabar com o ciclo de sofrimento que gera sofrimento.

Obrigada, Cervo.

Vespa-do-papel
Simplificar.

JORNADA: 18 DE NOVEMBRO DE 2021

No verão de 2019, algumas vespas começaram a construir um ninho na minha varanda lateral, perto da mesa de jantar externa. Ficava cada vez maior. Quando as pessoas passavam, se ofereciam para retirá-lo. Eu dizia que não, que iria esperar para ver o que aconteceria. E o mais legal aconteceu: as vespas construíram o ninho encostado na janela. Quando minha família e eu estávamos dentro de casa olhando para fora, tínhamos uma vista direta para o interior do ninho. Eu podia vê-las trabalhando duro, botando ovos, os ovos rachando, as vespas crescendo e voando para dentro e para fora, para dentro e para fora. Determinei que eram vespas-do-papel, insetos benéficos. Elas comem outros insetos, incluindo lagartas que comem plantas de jardim. Quando o ninho ficou pronto, tinha cerca de 70 centímetros de comprimento e 45 centímetros de largura.

O que mais me interessou foi ver a reação das pessoas ao avistarem o ninho. Geralmente a resposta delas era um salto de medo, uma surpresa e um instinto imediato de matar as vespas. Os homens, especialmente, estavam prontos para "vir ao resgate" e fazer o trabalho perigoso e sujo. Em vez disso, convidei-os para entrar e assistir à atividade. Era como ter um daqueles terrários de formigas. Todos ficaram impressionados com a visão do funcionamento interno do ninho. E no outono, uma por uma, as vespas desapareceram.

No inverno, todas foram para onde quer que as vespas vão, e o ninho ficou vazio. Na primavera, elas não voltaram (vespas fazem um novo ninho a cada ano), mas uma família de pintarroxos-caseiros vermelhos apareceu, escavou a casca de papel, construiu o próprio ninho ali dentro e ganhou um ambiente agradável, aconchegante, seguro e lindo para criar sua pequena família.

Eu e a natureza somos uma equipe.

Embora as vespas tenham construído seu ninho na varanda antes de eu ter a ideia de escrever este livro, essa foi uma das experiências que me levou a querer me comunicar com a natureza num nível mais profundo. Parecia um convite para tentar entender o que a natureza queria que eu soubesse e por que as pessoas têm tanto medo de tudo isso — dos insetos, da natureza selvagem e de qualquer coisa que pareça desconhecida. Quando chegou a hora, eu sabia que queria conversar com as vespas e descobrir o que elas tinham para me ensinar. Dois anos depois de elas terem partido (ainda consigo ver o contorno do ninho na janela), numa noite fria de novembro, viajei para encontrar Vespa-do-papel. Eu estava preocupada que as vespas pudessem estar hibernando ou mortas, que tivessem se esquecido de mim e fossem difíceis de alcançar, mas eu estava enganada. Lisa me explicou que, quando viajamos para conversar com seres da natureza, não estamos conversando com um único ser, estamos falando com o espírito de todos eles. Em outras palavras, é possível viajar para conversar com seres do passado. (E talvez do futuro também.)

Assim que entrei na árvore, voei por um campo de verão, reunindo pólen, néctar e polpa de madeira para levar de volta ao ninho. Eu me senti alegre e produtiva. Voei para o ninho e apresentei minhas oferendas à rainha. Ela me agradeceu. Então perguntei qual é o propósito das vespas-do-papel.

— Somos construtoras. Construímos pela alegria de construir, mas não estamos apegadas ao que construímos porque a cada ano recomeçamos. Desfrutamos da nossa atividade e do prazer do nosso trabalho do verão, e depois aproveitamos o inverno tranquilas.

É simples e é assim que gostamos. Esse é o segredo da nossa longevidade. Somos antigas.

— O que nós, humanos, precisamos saber? — perguntei.

— Simplifiquem. Vocês complicam tudo. E sistemas complicados são frágeis e não duram. Somos seres antigos, e os humanos são como poeira ao vento. Estão aqui hoje, mas amanhã já não estarão. A menos que aprendam a simplificar suas vidas. Aproveitem o trabalho e depois descansem.

Ironicamente (ou não), enquanto as vespas construíam o ninho, eu construía um anexo para minha casa. Não foi simples. Na verdade, costumo dizer: é difícil chegar ao simples. Às vezes, essa frase confunde as pessoas e elas pensam que as estou insultando (a ideia de que simples é insultante é um insulto em si). É assim que eu vejo. Nós, humanos, gostamos de complicar as coisas. Adicionar coisas. Expandir. Fazer mais. Inventar. Fazer dinheiro. Ficar ricos. Fazer drama. Ficar com raiva de pessoas diferentes de nós. Às vezes (na maioria das vezes) pensamos demais nas coisas. Nós nos distraímos com coisas brilhantes e seja lá qual for a novidade. Mas o que traz verdadeiro prazer e alegria são as coisas mais autênticas, simples e reais. Pense numa tigela de sopa caseira deliciosa feita por alguém que te ama versus um banquete elaborado, chique, em um festival gourmet. O banquete pode encher sua mente e seu ego, mas a sopa nutrirá seu coração e seu estômago. (Não me interpretem mal, eu gosto de refeições sofisticadas de vez em quando.)

Quando se trata de construir, "é difícil chegar ao simples" significa ter a coragem de deixar coisas de fora. Não adicionar bugigangas e decorações ornamentadas. Mas também pode se aplicar às estruturas e à engenharia de uma casa. A minha casa é extremamente complicada (tem três tipos diferentes de sistemas de energia solar, por exemplo). Com a nova adição, consegui simplificar meu sistema elétrico — adicionando ainda mais baterias Tesla e solares. Mais ou menos. Ainda assim é complicado. Não se trata de um ninho de vespas-do-papel feito de materiais locais, reutilizado pelas aves no ano seguinte e depois biodegradado para concluir o ciclo. (Embora minha conta de luz em abril de 2022 tenha sido de apenas 15 dólares. A energia solar funciona.)

Espero que um dia possamos projetar "casas do futuro" que não se limitem a adicionar soluções de alta tecnologia como "eletrodomésticos inteligentes", que muitas vezes *aumentam* a pegada de carbono. Acredito que o desafio criativo é construir casas que contribuam de forma positiva para o ambiente, tal como a minha casa solar contribui com eletricidade para a rede energética. Acho que, intelectualmente, as pessoas estão prontas para reconhecer que as alterações climáticas são reais, mas não conseguem imaginar como manter as casas aquecidas ou frescas sem depender de sistemas de combustíveis fósseis.

Recentemente, ouvi a frase "mudança por intenção ou mudança por desastre". De qualquer forma, a mudança virá. Mas nós seremos os arquitetos ou as vítimas? A frase me lembra das tentativas contínuas de criar máquinas para retirar carbono da atmosfera e armazená-lo num local seguro. As pessoas estão ansiosas demais para recorrer a esse tipo de tecnologia em busca de uma solução para nossos problemas, quando a solução já está aqui. Estamos sentados em cima dela. É notável como temos negligenciado o papel dos organismos do solo, dos fungos, das raízes das plantas e das micorrizas que vivem nessas raízes quando se trata de extrair carbono do ar e armazená-lo no subsolo, o lugar dele. (Minha teoria é que as pessoas ainda não descobriram como ficar ricas fazendo isso.) Centenas de estudos mostraram que, quando o ciclo natural do carbono da Terra ocorre sem impedimentos, o solo, os fungos, as raízes das plantas e o microbioma armazenam o carbono no subsolo. Nenhuma tecnologia adicional é necessária.

É matemática e engenharia de sistemas, na verdade. Se todos nós sentássemos à mesa e redesenhássemos destemidamente todo o sistema, com base no que é melhor para a coexistência da natureza e dos humanos e sem nos preocuparmos com quem ganharia dinheiro, poderíamos criar um mapa para o futuro com oportunidades criativas (e financeiras) incríveis para todos. A diferença entre esse tipo de concepção de sistema e a concepção de eficiência empresarial é que, em vez de maximizar os lucros, maximizaríamos a eficiência e a *resiliência* ambientais. É como maximizar a alegria. Imagine o que poderíamos fazer com o nosso tempo se não tivéssemos que nos preocupar com o planeta e com todas as espécies sendo destruídas.

Tudo o que temos de fazer é parar de interromper o processo brilhante e absolutamente simples da natureza. Como podemos fazer isso? Impedindo o desmatamento e o cultivo excessivo de campos agrícolas. Garantindo que os agricultores cultivem plantas de cobertura e não deixem o solo descoberto. Deixando a natureza em paz quando pudermos. E por último — e talvez o mais importante — parando de usar produtos químicos sintéticos que matam a vida no solo. Sim, estou falando sobre tornar tudo orgânico. Não apenas alimentos orgânicos — também precisamos de gramados orgânicos, parques orgânicos, campos esportivos e campos de golfe orgânicos, florestas orgânicas. Você sabia que muitos grupos de conservação ambiental usam herbicidas químicos para controlar plantas que foram rotuladas como espécies invasoras? Parem com isso! *Nós* somos a pior espécie invasora.

Aqui está outra ilustração do meu ponto. Tente fazer uma pesquisa on-line sobre "vespas-do-papel". Quando faço isso, para cada listagem de um artigo informativo sobre esses insetos incríveis, há uma dúzia de sites que ensina como matá-los e destruir seus ninhos.

Isto é o que quero que você saiba sobre as vespas-do-papel: estudos demonstram que elas são capazes de raciocínio lógico. São ainda mais inteligentes que as abelhas e muito benéficas. *Você nunca deve matá-las.*

Cada ninho tem várias rainhas, não apenas uma. As rainhas são seletivas sobre com quem acasalam e acham alguns machos vespa mais bonitos do que outros.

As vespas-do-papel têm maior probabilidade de serem comidas por libélulas, aranhas, pássaros e, por vezes, mamíferos. Em outras palavras, elas também são uma parte importante da cadeia alimentar.

Elas são consideradas insetos *eussociais*. *Eu* é grego para "bom". O que há de bom na forma como as vespas socializam? Elas compartilham responsabilidades na criação das vespas recém-nascidas, mesmo que não sejam sua prole. Vivem em comunidade e de forma cooperativa. Há divisão de trabalho. Alguns insetos eussociais, como os cupins, até cultivam os próprios alimentos dentro dos ninhos.

Em outras palavras, temos muito a aprender estudando as vespas-do-papel.

Durante o verão, quando fui agraciada com a presença das vespas na minha janela, eu costumava jantar em família e com amigos na minha mesa na área externa. O sofá ao ar livre onde eu tomava café da manhã e tirava uma soneca à tarde ficava a apenas 1,5 metro de distância do ninho. Eu jardinava nas proximidades. Os trabalhadores da construção civil construíram meu anexo ali perto. E nem uma vez, durante todo o verão, alguém foi picado.

Obrigada, Vespa-do-papel.

Hera venenosa

Preste atenção.

JORNADA: 29 DE NOVEMBRO DE 2021

De todas as plantas difíceis de amar, a hera venenosa pode ser a mais desafiadora.

Eu me coçava. E sentia dor. Tinha feito uma coisa estúpida, mas não me arrependi. No entanto, tive que viver as consequências.

Eve morava numa casa com outros três jovens em Cape Cod. Como mãe visitante, a primeira coisa que notei foram os degraus da frente e o muro de contenção rochoso coberto de hera venenosa. Eu comentei a respeito.

— Todos os pais falam isso — disse minha filha, dando de ombros, despreocupada.

Fiquei lá apenas por um dia e estava vestida para a praia — um biquíni sob um vestido sem mangas e meus confortáveis chinelos da Adidas. Fui direto à loja de ferragens da cidade e comprei luvas de jardinagem até o cotovelo e uma ferramenta para arrancar ervas daninhas — aquela que parece uma chave de fenda com língua bifurcada.

— Traga-me sacos de lixo e uma lixeira — disse imperativamente — e sacolas plásticas também.

Minha filha esvaziou a lata de lixo da cozinha e a trouxe com algumas sacolas plásticas. Depois que começo a remover ervas daninhas, é difícil parar. Tirei não apenas a hera venenosa, mas todas as ervas daninhas. Coloquei a hera venenosa nos sacos, para levar junto com o lixo. Duas horas depois, eu havia enchido *quatro* sacos de lixo com hera venenosa e feito uma enorme pilha de outras ervas daninhas na entrada da garagem, incluindo um pequeno bordo que estava crescendo num lugar com o qual absolutamente ninguém ficaria feliz dali a alguns anos (incluindo o bordo). Comecei com sacolas plásticas sobre as luvas como proteção adicional contra o veneno, mas depois dos primeiros vinte minutos desisti delas e comecei a agarrar as plantas com as mãos enluvadas. Quando terminei, descartei as luvas também.

Depois tomei banho e me esfreguei com um sabonete específico para remover o possível veneno. Leitor, você tem que entender que, para eu entrar num chuveiro minúsculo numa casa compartilhada por quatro jovens de vinte e poucos anos, foi necessário um tipo de coragem que normalmente não tenho (sim, às vezes sou meio mimada). Só que não tive escolha. Levaria um dia ou dois para descobrir se eu teria uma erupção na pele e quão ruim seria. Lavar as feridas com um sabonete ou limpador específico para remover o veneno foi um passo essencial para limitar o meu sofrimento futuro.

Dois dias depois, começou. Havia uma erupção cutânea grave na dobra do meu cotovelo direito e em outras partes do meu corpo. Por toda parte. Mas nada no meu rosto, porque usei a ponta do cabo de uma pá para continuar empurrando os óculos para cima enquanto trabalhava. Agradeço ao Senhor pelos cremes e poções anticoceira. Sobrevivi. E durante toda a semana eu não pude deixar de me perguntar...

Quem é a hera venenosa e por que ela existe? E por que presumo que a hera seja feminina?

Minhas filhas diriam que sou um pouco obcecada pelo acampamento de verão que frequentei quando criança. O Camp Hagan ficava em Poconos, às margens do rio Delaware, e teve que ser abandonado na década de 1970 devido ao plano de construção de uma barragem (que nunca foi construída). Voltei à área muitas vezes ao longo das décadas para procurá-lo, sem sucesso. Finalmente, um dia, perguntei a um guarda florestal e, com orientação, consegui encontrá-lo.

Estou lhe contando sobre esse acampamento porque é o local da árvore imaginária em que com frequência entro no início de uma jornada. O acampamento também foi onde aconteceu minha jornada com a hera venenosa.

Dei um passo em direção à minha árvore de portal habitual, mas me senti chamada para o lado esquerdo, por um caminho cheio de veneno. Na vida real, há uma quantidade assustadora de hera venenosa nos caminhos cobertos de vegetação do acampamento abandonado. Na minha jornada, os ramos começaram a brilhar num verde-brilhante. Eu sabia aonde as plantas queriam que eu fosse.

A poucos minutos de caminhada por esse caminho ficava a antiga capela. Era um acampamento luterano, e a capela era um altar de pedra e uma cruz entre duas fileiras de pinheiros paralelas ao rio. Quando criança (comecei a frequentar o acampamento aos seis anos), sentada naquelas agulhas de pinheiro macias, enquanto o sol nascia, encontrei Deus pela primeira vez, ou o Grande Espírito, Magia ou como você quiser chamar. Não estava em nada que alguém me disse. Talvez tenha sido o canto. Mas era principalmente a sensação de estar quieta e reverente num espaço ao ar livre tão bonito, o cheiro de pinho e o cheiro mofado do rio alimentando meu cérebro com amor e o mistério do universo. É para onde a hera venenosa estava me dizendo para ir.

Sentei-me no meio da capela, de costas para o altar. Observei enquanto Hera Venenosa começava a brilhar e crescer, criando uma bela e assustadora gaiola de catedral frondosa ao meu redor. Senti aquela aproximação e tive medo. Eu podia sentir todo o medo fazendo meu pescoço ficar tenso.

— Você carrega medo no pescoço — disse ela com uma voz borbulhante de riacho. — Não precisa mais carregá-lo.

Liberei o medo e senti uma cura física gloriosa como nunca havia sentido antes. Percebi que a brilhante hera não estava se aproximando de mim.

— Nós criamos limites — continuou ela. — E os limites nos fazem sentir em segurança.

Isso é o que meu terapeuta também me diz.

De repente, meus dedos começaram a fazer movimentos engraçados, como se estivessem se mexendo e rastejando. Meus braços começaram a subir enquanto meus dedos mexiam e percebi que havia me transformado numa trepadeira venenosa subindo numa árvore. (Para aqueles que não estão familiarizados com a hera venenosa, seus ramos são "felpudos", cobertos de raízes peludas que se prendem a qualquer coisa na qual ela sobe.) Senti uma conexão amorosa com a árvore na qual estava subindo.

— Nós protegemos o que amamos. Criamos limites para proteger a natureza. Somos os guardiões da floresta.

Eu podia ver e sentir. A brilhante hera verde estava criando uma linda capela rendada de plantas — no chão, nas árvores.

— Mas e nós, humanos? E a hera venenosa nos degraus da minha filha?

— Tocar os humanos não é minha linguagem do amor — brincou. — E um pouco de medo é saudável. O medo pode mantê-la segura. Essas meninas precisam sentir mais medo. Definir limites também mantém você segura.

Nesse ponto, meus pensamentos eram mais ou menos "já consegui o suficiente para o meu livro". Terminei. Mas o tambor ainda batia.

O que mais eu deveria aprender? O que vem a seguir?

Ela apareceu. Verde-brilhante como as plantas, mas agora em forma humana. Tinha uns 9 metros de altura. Uma mulher linda com um rosto verde e sorridente e olhos verde-brilhantes. Na cabeça, tinha uma coroa de folhas de hera venenosa. Ela toda estava brilhando em verde — seu rosto, seu cabelo, seu vestido esvoaçante. Ela era uma deusa.

— Ensinamos os humanos a prestar atenção — falou. — Estar presente. Observar para onde se está indo. Prestar atenção.

Minhas mãos começaram a fazer outro movimento estranho — quase como uma oração, mas também uma massagem profunda e rítmica. Uma oração da Morávia, da qual nunca consigo me lembrar na vida real, repetia na minha cabeça:

> *Esteja presente à nossa mesa, Senhor;*
> *esteja aqui e em todos os lugares adorados,*
> *que possamos receber de sua generosa mão*
> *nossa comida, com gratidão.*

Estendi as mãos e Hera Venenosa começou a derramar sobre elas uma chuva de energia verde-brilhante. Toda a floresta brilhava em verde e branco.

— Você não precisa mais carregar seu medo. Você está segura — disse ela, suas mãos varrendo o medo de todo o meu corpo.

Chorei.

A jornada terminou exatamente naquele momento.

Uma jornada de vinte minutos. Foi o suficiente para passar do medo a um profundo amor e gratidão pela bela deusa Hera Venenosa.

Na Costa Leste, o nome botânico da hera venenosa é *Toxicodendron radicans*. Na verdade, não é uma hera, mas um membro da família do caju e do pistache. Mas NÃO A COMA. O ingrediente que causa a alergia é chamado urushiol. Não coma isso também. Uma das mensagens que senti que Hera Venenosa estava me dizendo era que não precisamos ingerir coisas para encontrar a cura delas. A energia da própria planta — o espírito da planta — tem o poder de curar se nos conectarmos energeticamente com ela.

Para que você não pense que minha jornada foi excessivamente influenciada pela personagem Hera Venenosa da DC Comics, posso garantir que nunca a vi em nenhum filme ou história em quadrinhos. Eu não sabia que ela existia como personagem até navegar por tópicos sobre hera venenosa on-line após minha jornada. Na verdade, embora Hera fosse uma mulher em minha jornada, a planta tem partes reprodutivas masculinas e femininas.

Mas é típico dos seres humanos transformá-la em vilã só porque ela causa erupções cutâneas enquanto protege e alimenta a própria família.

Pensar em histórias do bem contra o mal e em filmes de super-heróis me lembra um modelo de interação humana chamado triângulo dramático de Karpman, descrito pela primeira vez pelo psiquiatra Stephen Karpman na década de 1960. No modelo proposto por ele, todos os dramas ou conflitos têm três papéis: a vítima, o perpetrador e o salvador ou herói. Cada um de nós assume um desses papéis sempre que o drama se desenvolve. Às vezes fazemos o papel de vítima, outras vezes, de herói. Os humanos envolvidos no movimento ambientalista tendem a se ver como os salvadores do planeta ou da natureza. Mas se há algo que esses tempos interessantes em que vivemos me ensinaram é que não existem mocinhos ou bandidos. *Todo mundo* tem defeitos (sim, até eu). *Todo país* tem uma história sombria. *Todas* as culturas cometeram crimes contra a humanidade. Todos os humanos são os perpetradores e as vítimas. E muitas vezes, quando tentamos ser o herói, bagunçamos ainda mais as coisas. É muito mais provável que a natureza nos salve, mesmo que provavelmente não mereçamos, do que nós salvemos o planeta.

A perspectiva xamânica é que devemos *transcender* o triângulo dramático e nos elevar acima dele, criando novos tipos de histórias e relacionamentos que envolvam colaboração e parceria... curando o trauma do drama. O drama pode agir como uma droga no nosso sistema nervoso. Mas, em última análise, o drama é um vício que nos impede de viver plena e alegremente. Deixe isso para lá. Você não precisa mais disso. Podemos começar agora a viver de forma mais consciente e pacífica se assim decidirmos. Mas começa dentro de cada um de nós ao escolhermos uma nova história.

Aqui está uma nova história para contar: Hera Venenosa é a protetora da floresta. E se você *prestar atenção*, ela não vai te machucar. Você está em segurança.

Obrigada, Hera Venenosa.

Cobra

Não há pecado no prazer se ele vier com o amor.

JORNADA: 6 DE DEZEMBRO DE 2021

Cobras não me incomodam. Nem me assustam. Não passo tempo com elas, mas as respeito. Também entendo que muitas pessoas as temem. Algumas as equiparam ao mal ou ao pecado. Outras as associam à sexualidade e à sabedoria. E quem esqueceria a cobra no Jardim do Éden que tentou Eva para comer o fruto proibido?

Tenho a sorte de só encontrar no meu Jardim as cobras-liga não venenosas — finas, verde-amarronzadas, tímidas, contorcidas e reclusas. Nós nos encontramos de vez em quando, em geral quando estou prestes a pisar numa pedra ou andando na grama quente, e nós duas ficamos surpresas e seguimos cada uma seu caminho.

Eu não estava planejando viajar para encontrar cobras porque elas *não* me incomodam. Mas sou fascinada pela Cobra Arco-Íris, considerada a criadora do universo pelos aborígenes da Austrália. Existem tantas histórias sobre a origem dessa cobra quanto existem tribos aborígines ou *"mobs"*, mas todas elas estão associadas à água — assim como o próprio arco-íris — e à criação. Eu estava curiosa para saber o que Cobra teria a dizer.

Antes mesmo de chegar à abertura da árvore, eu já estava deslizando no chão. Deslizei para a escuridão dentro da árvore e me vi em um covil de cobras. Era bastante confortável e aconchegante. Estávamos todas aconchegadas juntas e me senti feliz. Amada. Minha língua entrava e saía, o que me ajudou a procurar uma cobra com quem pudesse falar. Não senti o gênero da cobra. Talvez Cobra fosse mais feminina do que masculina, mas decidi que parecia mais certo chamá-la de "elu".

Elu me levou para uma sala onde um círculo de minúsculas cobras bebês cercava uma pequena fogueira. Isso me lembrou o quadrinho *The Far Side,* embora Cobra não estivesse usando óculos, nem chapéu ou peruca, e eu tive que sorrir. Elu começou a falar e a ensinar...

— Antigamente, há muito tempo, a Terra era apenas rocha, vulcões e água. Então, as plantas e os fungos começaram a crescer e criaram o solo. Solo é vida e o que torna a vida possível aqui. Nós, cobras, evoluímos de vermes e éramos, e ainda somos, criaturas tanto terrestres quanto marinhas. Os desejos terrenos de sexo, fome e prazer nos levaram a acasalar e a criar novas formas de vida. Logo, todos os tipos de animais foram criados. Tudo combinava com tudo. Foi assim que a evolução aconteceu e como os humanos eventualmente foram criados.

"Cobras representam os prazeres terrenos do sexo, da alimentação e do desejo, e nós somos os professores, detentores do conhecimento e da sabedoria. Durante muitos milhares de anos, fomos parceiros dos humanos, e ainda somos de alguns. Mas à medida que o homem humano tentava dominar, tal como fazem os animais machos, ele se sentiu ameaçado pelo nosso poder e conhecimento. Ele não entendia, então temia e demonizava. Nós nos tornamos o símbolo dos prazeres terrenos como *maus*, porque trazemos conhecimento e compreensão, prazer e amor."

No olho da minha mente, vi uma espiral subindo — uma espiral de *arco-íris* —, uma imagem que eu nunca tinha visto antes, mas que parecia óbvia quando a vi.

— Estamos todos evoluindo e subindo na espiral da vida. Somos os prazeres terrenos do Grande Espírito, e é através desses prazeres que o Grande Espírito também evolui. O que os homens ainda não entendem é que a dominação não traz amor. Nosso trabalho aqui, como planeta, é evoluir em direção ao amor. Os prazeres terrenos são a maneira que o Grande Espírito nos oferece para fazer isso, mas devemos aprender a fazê-lo com amor e carinho pelos outros.

"Cobras também criam as linhas de energia da Terra para que jornadas e túneis conectem todos nós."

Nesse ponto, vi cobras criando túneis e linhas de energia por toda a Terra — acima e abaixo do solo.

— Muitas culturas antigas reverenciavam as cobras com nomes diferentes, porque viemos primeiro e somos a energia da criação, os guardiões da sabedoria e da história. Os humanos devem aprender que a dominação não traz amor. E o amor é a única coisa que sacia a nossa fome. Não há pecado no prazer se ele vier com o amor.

Quando Cobra terminou de falar, todas as cobras bebês deslizaram e se amontoaram no meu colo. Foi adorável.

— Conte as histórias — disse Cobra.

A jornada terminou.

Uau. Sexo. Comida. Prazer. Os prazeres terrenos — que não apenas nos deleitam, mas também nos mantêm vivos e avançando e subindo na espiral de arco-íris da evolução. Todos nós queremos essas coisas, não é? Boa comida, ótimo sexo e aquela sensação maravilhosa de amar e ser amado?

Quando olhamos para as nossas vidas através da janela de curto prazo do nosso momento singular na Terra, a capacidade de dominar e controlar parece mais importante do que realmente é. Mas se você tiver uma visão mais ampla, é mais fácil ver que a dominação e o controle são impossíveis. Até ridículos.

Por exemplo, o sexo. Somos uma espécie complicada, principalmente quando se trata de sexo. As notícias estão repletas de escândalos sexuais, acusações de pedofilia e tráfico sexual, e relatos de abusos horríveis de crianças e mulheres. A humanidade ainda não desenvolveu uma atitude saudável em relação à sexualidade — por muitas razões. E ainda assim o sexo é a verdadeira fonte da criação. Claro, os humanos agora podem criar bebês através da fertilização in vitro e do uso de barrigas de aluguel para gestar e dar à luz. Ainda há um esperma. Um óvulo. Um útero. Mas mesmo depois de a idade da mulher chegar ao limite para ter filhos, ela ainda pode sentir prazer sexual e ter orgasmos. É evidente que o sexo não se trata *apenas* de procriação.

Assim como no caso da religião, talvez nunca venhamos a descobrir uma verdade universal sobre o sexo e se existe certo ou errado absoluto. (Na natureza, porém, o sexo é essencial. Sem sexo, *tudo para*.) Não vou entrar em detalhes da história da religião e da sexualidade, embora pudesse. Também não vou falar nada sobre a insanidade política em torno do controle da sexualidade, embora pudesse. Vou manter o foco nas cobras.

Como as cobras fazem sexo? Curiosamente, uma cobra fêmea tem bastante controle na situação. Primeiro, quando está com vontade, ela deixa um rastro de feromônios para atrair um companheiro. Ela pode acasalar com vários machos, *mas decide quando e se terá filhotes*. Ela pode armazenar esperma por até cinco anos. (E a cópula das cobras pode levar uma hora ou um dia inteiro. Muito bem, cobras!) Com mais de 3 mil espécies conhecidas na Terra, há muita diversidade nos detalhes sobre o comportamento sexual desses répteis. Talvez esta seja a razão pela qual as cobras são tão ameaçadoras para tantas pessoas...

Cobras foram reverenciadas e adoradas em muitas culturas ao redor do mundo, mas as tradições abraâmicas — judaísmo, cristianismo e islamismo — as insultam e as associam ao diabo. A Virgem Maria, por exemplo, com frequência é retratada com o pé pisando na cabeça de uma cobra. Suspeito que tais imagens pretendiam "demonizar" as religiões anteriores que reverenciavam cobras, só que estou mais interessada em explorar novas formas de pensar sobre como as coisas *poderiam* ser — e olhar para a natureza para descobrir o que é verdade. Para isso, vamos considerar a técnica de renovação e crescimento da cobra: trocar de pele.

Cobras podem trocar de pele muitas vezes por ano, especialmente quando jovens. À medida que envelhecem, isso acontece com menos frequência. Para a cobra, isso é uma forma essencial de crescer e se regenerar, além de ajudá-la a remover parasitas. Para os humanos, mudar de pele é uma metáfora poderosa sobre mudança e superação de velhas mentalidades ou paradigmas e abertura de espaço para algo novo.

Precisamos de um novo paradigma e talvez já estejamos no meio de uma mudança para uma nova visão do universo e do nosso lugar nele. Estamos mudando de uma cultura de dominação humana sobre a natureza (e de uns sobre os outros) para uma cultura em que reconhecemos a natureza como o nosso parceiro essencial. Ainda há muitos resquícios do velho paradigma, mas, graças às redes sociais, que nos permitem observar em tempo real as atividades humanas que se desenrolam em qualquer lugar do mundo, podemos compreender melhor a nossa arrogância como uma tentativa patética de destruir, roubar e controlar aquilo que nunca poderá ser controlado.

Demonizar as coisas não faz com que elas desapareçam. Em vez disso, podemos mudar a nossa perspectiva e aceitar que a diversidade é parte essencial da natureza, abraçando toda a nossa diversidade confusa com amor. Afinal, Cobra disse: "Dominação não traz amor. E o amor é a única coisa que sacia a nossa fome." Essa é uma grande mensagem para todos nós. "Nosso trabalho aqui, como planeta, é evoluir em direção ao amor." Penso na espiral de arco-íris que vi durante a jornada. A forma espiral é encontrada na arte antiga por todo o mundo. Também é onipresente na natureza, desde a forma ondulada de uma concha até a espiral do corpo de uma cobra. Aumentando nosso campo de visão, espirais também são encontradas em formações de nuvens — um furacão é uma espiral gigante — e em galáxias, muitas das quais têm esse formato. Na verdade, embora a percepção convencional seja de que a Terra simplesmente gira em torno do Sol, o planeta — e todos nós que estamos nele — está avançando pelo espaço em espiral em direção a algum destino desconhecido. Numa velocidade muito rápida, devo acrescentar. O tempo é na verdade uma espiral. Uma espiral de arco-íris?! Sim. Uma espiral de arco-íris.

Para onde esse caminho em espiral nos levará? Esse é o mistério. Com sorte, em direção ao amor. O amor é o único código moral de que realmente precisamos para nos guiar. Cobra nos diz que se pudermos combinar nossos prazeres terrenos com amor, então não há pecado neles. Esse é o sonho que precisamos sonhar.

"Dreamtime" (Tempo do sonho, em tradução livre) é um termo que os aborígenes usam para descrever a visão que têm do universo. Alguns interpretam que significa o tempo da criação — o tempo da Cobra Arco-Íris. Outros o interpretam como um lugar mítico em que o mundo é continuamente criado. Uma tradução que me ajuda a entender melhor é *Everywhen* (Todoquando, em tradução livre). De acordo com o povo aborígine, todo o tempo acontece ao mesmo tempo e estamos num ato constante de criação e de sonhar com a existência do futuro — e essa compreensão tem o poder de mudar a nossa perspectiva do passado e do futuro.

Minha opinião é de que a Cobra Arco-Íris ainda está conosco, ainda criando o mundo e sonhando para que ele exista. E todos nós fazemos parte do arco-íris. Claro, se olhar o micro, as coisas estão uma bagunça horrível na maioria das vezes. Contudo, se olhar o macro, estaremos serpenteando para a frente e para cima na espiral da vida. Tudo parte de uma mesma jornada, caminhando em direção ao amor em parceria com a natureza, que não hesitará em nos lembrar que ela é a única que está de fato no controle. Não há pecado no prazer se ele vier com amor.

Obrigada, Cobra.

Grama

Nada pode crescer sem amor.

JORNADA: 13 DE DEZEMBRO DE 2021

Grama. Os norte-americanos são obcecados por grama.
 Eu não sou contra a grama. Um gramado bem cortado é perfeito para brincar, andar descalço e ir de um lugar para outro. Algumas pessoas que conheço e respeito amam seus gramados, e até seus cortadores de grama, e desfrutam profundamente do ritual de cortar a grama. Mas alguns levaram essa adoração ao extremo. Falando de forma conservadora, gramados ocupam mais espaço nos Estados Unidos do que as três principais culturas agrícolas juntas. (No caso, milho, trigo e árvores frutíferas.) Eles também usam *muita* água. Pense nisso por um minuto... Dedicamos água preciosa a uma planta que depois cortamos, geralmente com cortadores cujos motores funcionam à base de gasolina, às vezes mais de uma vez por semana. Sem mencionar todos os produtos químicos tóxicos que as pessoas colocam nos gramados para se livrar das "ervas daninhas", especialmente o temido dente-de-leão (que será o assunto do próximo capítulo). Que desperdício. Eu chamo isso de tirania da arrumação.
 A grama não é ruim. Na verdade, eu diria que a grama é boa. Ela é uma planta. Tem raízes. Transforma a luz solar e o dióxido de carbono em energia e oxigênio e armazena o carbono no solo... se não for pulverizada com herbicidas, fungicidas e inseticidas tóxicos. Além disso, tem um cheiro bom.
 Tenho uma sensibilidade aguda a produtos químicos tóxicos (produtos químicos agrícolas, produtos de limpeza, produtos de

"beleza" ou fragrâncias falsas). Não posso usar maquiagem ou a maioria dos produtos de beleza porque meus olhos ardem e coçam. As emanações químicas fazem a pele entre o meu lábio superior e o meu nariz formigar e ficar vermelha. Por isso, não posso chegar nem perto dos corredores de produtos químicos para fazendas e jardins. A grama aciona o detector de toxinas embutido em mim. Quando dirijo por um bairro do subúrbio ou passo por um campo de golfe, posso *sentir* os produtos químicos do gramado — no meu rosto!

Quando meu ex-marido, Lou, e eu nos divorciamos, nos revezamos morando em nossa casa com Lucia. Durante meu tempo fora, quando não estava viajando a trabalho, fiquei em uma cabana na floresta da reserva local. O inquilino anterior (minha mãe) era implacável e mantinha a área ao redor do imóvel sempre aparada. Eu não tinha cortador de grama nem convicção de cortá-la. Em vez disso, deixei que crescesse. Foi aí que a mágica aconteceu. A cabana começou a parecer um mítico chalé europeu de conto de fadas. Em vez de ficar indisciplinada, a grama assumiu a aparência de uma mulher com longos cabelos balançando ao vento. A vida selvagem abundante se tornou ainda mais prolífica. Observar os vaga-lumes piscando na grama alta ao anoitecer foi um sonho mágico que se tornou realidade. Senti como se tivesse curado a terra. Eu também me curei.

Mas quem e o que é a grama? Eu queria saber mais.

Você sabia que as gramíneas que cultivamos em nossos gramados são apenas uma pequena fração das 12 mil espécies encontradas na Terra? A família Poaceae (grama) inclui todas as gramíneas da pradaria, gramíneas para animais (que podem ser transformadas em feno depois de colhidas), arroz, trigo e até milho e bambu. Basta dizer que não poderíamos sobreviver sem grama. Os animais a comem. Nós a comemos. Comemos os animais que a comem. Não existimos sem ela. A grama é *boa*. Muito boa.

Eu duvidava de que conseguiria encontrar 12 mil espécies em uma única jornada, então decidi falar sobre a grama básica de jardim. Ainda assim, descobri que são dezenas de espécies, muitas das quais também são consideradas ervas daninhas, como o capim-colchão ou a grama-bermudas. Mas eu também estava ansiosa para conversar e entender melhor uma grama ornamental conhecida como "*aveia-do-mar*", porque ela me irritava *muito*.

Quando fiz o paisagismo do meu quintal pela primeira vez, quis incluir plantas nativas. Consultei um paisagista em quem confiava e com quem trabalhava havia décadas. Tive a visão de toda uma área de grama nativa que seria fácil de manter e balançaria graciosamente ao vento. Ele recomendou a aveia-do-mar.

É uma grama bonita, apesar de as sementes terem me feito lembrar do percevejo-fedorento (plantei a grama antes que a espécie asiática chegasse aos Estados Unidos). Em dois anos, a grama estava fora de controle. Não apenas se espalhou por toda parte, como também foi difícil de desenterrar e me livrar dela. A aveia-do-mar tem um talento especial para crescer em locais difíceis — entre rochas e aninhada nas raízes das minhas rosas. Assim começou o meu glorioso plano quinquenal para erradicar a maldita espécie do meu jardim. Não deu muito certo. Já se passaram dezessete anos e ela ainda está por toda parte.

No ano passado, fui a um viveiro local de plantas nativas para encontrar outras gramíneas para plantar em uma área diferente. Perguntei ao vendedor o que plantar.

— Qualquer coisa, menos aveia-do-mar — pedi. — É muito invasora.

— Não é invasora, considerando que ela é nativa!

— Então o que é?

— É *agressora* — declarou ele presunçosamente.

"Ah, então essa é a diferença", pensei enquanto revirava os olhos depois que ele ficou de costas para mim.

Decidi viajar numa segunda-feira de manhã. Era dezembro de 2021, logo depois que um tornado gigante havia destruído áreas no Kentucky e em alguns outros estados. Então, o clima extremo também estava em minha mente.

Entrei na jornada deslizando por uma rampa de lama. Caí na grama. Enquanto eu estava ali deitada, a grama me consumiu e me transformou em solo. Deixei de existir como uma entidade separada e me senti absorvida pela terra.

— Estamos com fome — disse a grama.

Desci ao subsolo e pude ouvir uma rede global de comunicação acontecendo nas raízes. Enquanto isso, meus olhos ardiam. Eu não parava de esfregá-los.

— Somos a rede do mundo. Nos comunicamos com o clima para agir em nosso nome, pedindo que ele nos ajude.

Enquanto Grama falava, pude sentir o ódio das gramíneas pelos humanos por envená-las.

— Sim, as plantas podem sentir ódio. Odiamos ser envenenadas. Odiamos! E o clima sente a nossa fúria: tornados, furacões, secas, inundações, incêndios. Quando não há amor, não há plantas nem grama. Sem amor, retrocedemos e tudo o que resta é o deserto e a arrogância do homem.

Vi a imagem de um deserto, completamente desprovido de vida.

— Não podemos crescer sem amor. Nada pode crescer sem amor.

Vi tornados, secas e destruição abrindo caminho para que as plantas pudessem retornar a essas paisagens sem venenos. Entendi que o próprio homem pode ser como um produto químico tóxico se caçar demais e pastar demais, se viver sem amor pela terra, pela natureza e pelas mulheres. Se continuar a espalhar venenos por toda parte.

— Qual é o lance dos homens com gramados? — perguntei.

Eu vi a imagem de uma mulher sendo forçada a dançar até desmaiar de exaustão e morrer. Não havia alegria na dança, apenas o pânico frenético de alguém que é forçado a dançar pelos desejos de outra pessoa até que não restasse mais nada dela.

— Isso não é amor, isso é pornografia! — disse Grama. — Os homens olham para a grama perfeita e para os campos livres de ervas daninhas da mesma forma que olham para a pornografia, como se fosse uma pessoa de fantasia imaculada com quem eles pudessem fazer o que quisessem, independentemente dos desejos e das vontades dela. Isso não é amor, é pornografia! Os homens precisam ser ensinados a amar.

— Como podemos ensiná-los a amar? — perguntei.

— Começa por serem criados com amor e sentirem que os próprios sentimentos podem ser validados. Eles precisam deixar seu coração se abrir para que a grama possa crescer livre. Precisam aprender a respeitar as mulheres e aceitar a imperfeição, em si mesmos e nos outros.

Senti que o tempo da minha jornada estava se esgotando.

— E a aveia-do-mar? — perguntei, apressada.

— Se controle, Maria! Relaxe. Estamos ocupadas estabelecendo conexões e crescendo onde outras coisas não crescem. Todas as ervas precisam de amor para crescer. E, sim, a Terra é uma mulher, mas as plantas são masculinas.

Então a jornada terminou.

Como desvendar essa conversa bizarra? Antes de tudo, fui tomar café da manhã. A partir daí, vou linha por linha. Folha por folha.

Folha 1. Grama disse "Estamos com fome". E é verdade que as gramíneas são uma espécie faminta. Essa fome é a razão pela qual as empresas químicas se esforçaram tanto para criar produtos sintéticos para fertilizar e gerir as culturas herbáceas. Sim, os mesmos produtos químicos que são incrivelmente tóxicos para os micróbios do solo e para os humanos. O *Farming Systems Trial,* do Rodale Institute, mostrou que o esterco animal é o melhor fertilizante para milho (grama), trigo (também grama) e outras culturas de gramíneas, incluindo pastagens (mais grama). Qualquer pessoa que já teve um gramado e um cachorro sabe que isso é verdade: onde o cachorro faz cocô, cresce um pedaço de grama mais verde. O mesmo acontece com cocô de animal no pasto. É por isso que precisamos de animais como parte dos nossos sistemas agrícolas e de alimentação. As pessoas não gostam de falar sobre cocô, mas é um recurso essencial e gratuito. Coloque os animais de volta na grama e o cocô nas plantações e você não precisará de fertilizantes sintéticos. Infelizmente, porém, o cocô humano se tornou tóxico devido ao uso excessivo de produtos farmacêuticos, produtos químicos, metais pesados, produtos de limpeza e todas as outras coisas que as pessoas jogam no vaso sanitário e não deveriam. É por isso que a aplicação de excremento humano como fertilizante não é permitida em campos agrícolas orgânicos. (Você sabe o que mais é um fertilizante natural e bastante eficaz para a grama? Urina. Urina animal *e* humana.) Além de fome, a grama sente muita sede. Fiquei feliz em saber que o estado de Nevada proibiu a grama "não funcional" em Las Vegas devido à seca extrema que a região enfrenta (embora a proibição isente campos de golfe, casas e parques, e não entre em vigor até 2026, o que pode ser tarde demais).

Folha 2. Grama disse que as gramíneas são a rede de comunicação do mundo e se comunicam com o clima. Isso é interessante e, para mim, faz sentido. Há uma base científica para o conceito de que as plantas e o clima estão conectados e se comunicam uns com os outros. Há evidências de que as árvores se comunicam entre si pelas raízes. Por que não a grama? Quando as árvores são plantadas onde antes não existia nenhuma, elas baixam a temperatura, aumentam a quantidade de chuva na região e criam um lugar mais agradável para os humanos e a natureza prosperarem. A conexão entre grama, plantas e clima parece ser uma área interessante para fazer mais pesquisas. Talvez Las Vegas devesse plantar mais árvores.

Folha 3. "Quando não há amor, não há plantas." Olhando para trás, para o início da história da vida na Terra, já existiam plantas antes de existirem humanos, por isso o amor aos animais e às plantas deve contar nesta equação de sem amor = sem plantas. É interessante. Se as plantas podem sentir ódio, também podem sentir amor. Existem pesquisas incríveis que demonstram que as plantas emitem gritos quando são colhidas e podem avisar umas às outras quando o perigo (insetos ou doenças) está próximo. Se *tudo* tem sentimentos — plantas, animais e humanos — e *todos* nós precisamos comer, então acho que a melhor maneira de proceder é colher e comer com reverência, bondade e profunda gratidão tudo o que decidirmos comer.

Folha 4. "Isso não é amor, é pornografia", disse Grama, referindo-se ao desejo de um gramado perfeito e à mulher obrigada a dançar até a morte. Eu não sou contra a pornografia. Ela pode ser uma ferramenta útil para aprendizado e liberação. (Mas não a pornografia infantil, que é sempre horrível e indesculpável.) Também pode ser um vício. Igualar o uso de produtos químicos para gramados e colheitas à pornografia faz muito sentido para mim. A pornografia não é uma expressão de amor. Nem um gramado perfeito ou um campo agrícola livre de ervas daninhas é uma expressão de amor. É um ato de voyeurismo e não de conexão. Tratar a grama com produtos químicos para forçá-la a crescer de forma não natural é também pedir a ela que "desempenhe" sem fornecer alimento verdadeiro, ou sem permitir que descanse quando necessário, ou sem considerar quais poderiam ser os seus desejos.

Embora a pornografia seja consumida em segredo, um gramado perfeito ou um campo livre de ervas daninhas é a expressão externa de uma fantasia interna de uma pessoa ou de um mundo sem manchas, sem independência, sem expressão criativa. Há muitas pessoas — especialmente mulheres — que gastam uma quantidade excessiva de tempo tentando parecer "perfeitas" para agradar aos outros, em geral aos homens. Mas, se não houver amor verdadeiro envolvido, por si ou pelos outros, é uma fantasia vazia, desprovida de prazer real. As mulheres também podem sofrer com a tirania da arrumação.

Imagine soldados marchando em sincronia, como exércitos em vídeos históricos ou vídeos atuais da Coreia do Norte ou da Rússia — pornografia militar, se preferir. (Se um milharal de Iowa pudesse marchar, pareceria um exército marchando.) Parece agradável à vista e "perfeito", mas quem são esses indivíduos? Quais são seus desejos? Eles estão felizes? Obediência e ordem não são sinônimos de amor e felicidade.

O amor verdadeiro considera as necessidades do objeto do nosso afeto. O amor verdadeiro está interessado no prazer *mútuo*. O amor verdadeiro está disposto a abraçar a imperfeição confusa de outra pessoa ou lugar.

Acredito que a obsessão norte-americana por armas também é uma forma de pornografia socialmente aceitável. Certa vez, recebi uma carta articulada, mas anônima, de um leitor da *Men's Health* sugerindo isso. (Pedi ao editor que publicasse a carta, mas ele recusou porque era muito controversa.). Quando as pessoas são forçadas a enterrar os próprios desejos sexuais, esses sentimentos podem explodir como um desejo de controlar os outros e de realizar fantasias. As pessoas podem realizar suas fantasias em segredo ou podem exercê-las publicamente de maneiras mais socialmente aceitáveis, como brincar com armas, por exemplo. Ou, tragicamente, podem agir de formas socialmente inaceitáveis, como violência doméstica e tiroteios em massa. O desejo sexual é uma força natural poderosa que não pode ser ignorada e que não desaparece. Sempre será canalizado para algo. Como a água fluindo ladeira abaixo, ele não pode ser interrompido. Quanto mais permitirmos que nossos desejos fluam para relacionamentos amorosos e consensuais, mais produtivos e felizes todos serão (e estarão seguros). É por isso que é tão importante aprender a falar abertamente sobre a sexualidade e ensinar as pessoas a expressá-la de forma positiva.

No longo prazo, o sexo sem amor sempre parecerá vazio. O que todos desejam (mesmo que tenham medo de admitir ou não percebam) é o amor e a intimidade que advêm de uma visão saudável da sexualidade e da liberdade de expressá-la com outra pessoa — com amor —, mesmo que seja bagunçado e excêntrico. Porque o sexo verdadeiramente bom costuma ser confuso e um pouco excêntrico. E não há vergonha nenhuma nisso.

Folha 5. Estudos apoiados pelo Instituto Nacional de Justiça dos Estados Unidos mostram que a maior parte da violência doméstica e dos tiroteios em escolas são perpetrados por pessoas que sofreram traumas graves e/ou falta de amor na infância, seja por abuso sexual, abuso parental ou bullying social (ou os três). Todos nós precisamos de amor para crescer e ser saudáveis. Na verdade, "incapacidade de prosperar" é uma expressão médica reconhecida, usada para crianças que não crescem (física, mental e emocionalmente), muitas vezes (mas nem sempre) porque lhes são negados amor e cuidado — especificamente toque amoroso e cuidado emocional. *Nada pode crescer sem amor*. Para abordar a terrível violência armada nos Estados Unidos (que é sem paralelo em qualquer outro país), temos de chegar à raiz da questão e ter a verdadeira coragem masculina e feminina para proteger uns aos outros e aos nossos filhos do perigo. É isso que o amor faz.

Folha 6. "A Terra é uma mulher, mas as plantas são masculinas", disse Grama. Agora eu entendi. A vida na Terra deve ser uma parceria. Um sem o outro não é nada. Um com o outro é tudo. Esse é o trabalho que precisamos fazer juntos — como homens e mulheres, como humanos com a natureza. (Isso não significa que tudo deve ser masculino/feminino heterossexual. Como aprendi ao pesquisar para este livro, há tanta diversidade sexual entre todas as espécies que a diversidade não é apenas normal, mas talvez necessária por algum motivo que ainda não descobrimos.) Me ocorreu que, quando os seres com quem falo dizem que o seu trabalho consiste em manter a natureza em equilíbrio, poderão também estar nos pedindo que façamos o mesmo em termos de criação de uma verdadeira parceria entre os sexos. Entre todos os sexos e variações de sexos.

Essas jornadas me tornam humilde.

E repreendida também, assim como foi quando Grama me disse para "me controlar" sobre a aveia-do-mar. Tudo bem, vou relaxar. Embora "controle-se" pareça muito com remoção de ervas daninhas para mim.

Para que você não pense que sou ingênua em acreditar que um mundo baseado no amor pode funcionar quando se trata de restaurar a natureza, leia *The Boy Who Grew a Forest*, de Sophia Gholz. Não é um livro longo — foi escrito para crianças, mas é uma história que todos deveriam ler. (Ou você pode pesquisar a história on-line e ver o menino, que agora é um homem, contar a história ele mesmo.) É a verdadeira história de Jadav Payeng, que curou quase 1.400 acres de terra árida na Índia plantando bambu (que é uma grama) e nutrindo e amando as plantas que se seguiram.

Nada pode crescer sem amor.

Gente, temos trabalho a fazer. Mas juntos vamos conseguir.

Obrigada, Grama.

Dente-de-leão

Apenas seja feliz.

JORNADA: 15 DE DEZEMBRO DE 2021

Normalmente deixo passar vários dias entre as jornadas porque gosto de refletir sobre cada uma delas e dar espaço para que se acomodem. Mas lá estava eu, apenas dois dias depois da minha jornada com Grama, quando acordei às 5h30 com uma forte vontade de falar com Dente-de-leão. Afinal, como você pode falar com a grama sem falar com dentes-de-leão? Eles não me deixariam em paz até que eu fosse visitá-los.

Enquanto tomava meu café matinal e observava o nascer do sol, tentava prever o que diriam ou como a jornada se desenrolaria. Como sempre, eu estava errada.

Entrei na árvore e estava escuro.

— Dente-de-leão, dente-de-leão, onde você está?! — gritei.

— Aqui estamos! — disseram, alegres.

Eu estava sentada de pernas cruzadas na grama, cercada por muitas flores amarelas de dente-de-leão que pareciam felizes em me ver. Elas dançavam suavemente em suas hastes. De repente, senti uma raiz saindo do meu períneo e mergulhando no solo abaixo. Foi um pouco alarmante. Resisti no início, mas depois lembrei que tudo ficaria bem e me deixei levar. Comecei a brotar folhas também e a cantar com uma vozinha alegre: "Crie raízes, nutra com nossas folhas, levante-se e brilhe, brilhe, brilhe. Então deixe nossas sementes voarem, voarem, voarem para o céu como bailarinas dançando ao vento. Apenas seja feliz. Apenas seja feliz." Me desdobrei em folhas nutritivas e me senti levantar e florescer. Então vi minhas sementes fofas voarem e dançarem ao vento.

— E todas as pessoas que tentam matar vocês? — perguntei.

— Ah, esses lixos rabugentos, skalliopagulusses [ou alguma palavra boba]. Eles não podem nos parar! Cresceremos em qualquer lugar. Eles só estão se machucando. Apenas seja feliz! Brilhe!

Eu me senti soprando ar pela boca como se estivesse soprando a semente de um dente-de-leão.

— Faça um pedido! — disse Dente-de-leão.

Desejei o que sempre desejo: amor verdadeiro. Depois fiquei triste, porque parece que o meu desejo nunca se realizou.

— Apenas seja feliz! — repetiu ela.

— Afinal, o que é o amor verdadeiro? — perguntei.

— É quando você aprende a amar as coisas como são, e não como você gostaria que fossem. Quando você ama as coisas como elas são, então seu coração se enche e se enche e você brilha!

— Mas e os lixos rabugentos? Como posso fazer com que parem de matar vocês?

Ela me mostrou a foto de um coração escurecido e endurecido, rachado e quebrado.

— Ah, não. Você não pode consertar as outras pessoas. Esse é o caminho que elas precisam trilhar. Tudo que você pode fazer é amá-las como são. Apenas seja feliz.

Em seguida, eu estava de volta à campina, sentada de pernas cruzadas. De repente, os dentes-de-leão começaram a girar em torno de mim em espiral.

— E dance! — gritaram eles enquanto o tambor me chamava de volta da jornada.

Bem! Essa foi uma forma interessante de começar meu dia.

Eu sou um lixo rabugento? Às vezes. Durante a jornada, fiquei pensando se os dentes-de-leão são perenes... Então pesquisei. Basta dizer que há tantas coisas boas sobre eles que é difícil saber por onde começar. Sim, eles são perenes. E se você não puxar toda a raiz ao arrancar um dente-de-leão, ele voltará a crescer a partir de apenas um pequeno pedaço de raiz. Muitos tipos de dente-de-leão também são assexuados, o que significa que não precisam de pólen de outro dente-de-leão (ou mesmo das próprias flores) para produzir sementes. Todas as suas sementes são clones de si mesmas.

Os dentes-de-leão alimentam e curam os humanos desde sempre. Todas as partes da planta são comestíveis. As raízes podem ser transformadas em uma bebida semelhante ao café sem cafeína. As folhas são ricas em nutrientes e, embora amargas, ficam deliciosas quando cozidas e servidas adequadamente. Com uma mãe "holandesa da Pensilvânia", cresci comendo salada de dente-de-leão com molho de bacon na primavera, quando as folhas estavam frescas. Ela dizia que dente-de-leão era muito diurético. No verão passado, pela primeira vez, fritei algumas flores da planta (empanadas) e elas ficaram deliciosas. Você pode até fazer borracha com a seiva leitosa delas.

Os peregrinos trouxeram sementes de dente-de-leão no *Mayflower* porque a planta era considerada essencial para nutrição e cura. Basicamente, qualquer problema de saúde pode ser apaziguado comendo, bebendo ou incluindo dente-de-leão em poções de cura. Mas não use dentes-de-leão que tenham sido pulverizados com produtos químicos (obviamente).

Ao pensar na mensagem de Dente-de-leão, tenho que me perguntar: será que a vida poderia ser tão fácil como "apenas seja feliz"? Estou começando a pensar que sim. Não podemos consertar outras pessoas; só a nós mesmos. E nos consertar não tem tanto a ver com "trabalhar", e sim com aprender a amar, relaxar e se conectar com os outros com bondade. Bullies existem porque respondemos a eles. Se os ignorarmos, eles não terão poder. Para o bem de todos nós, resista ao impulso de insultar ou ridicularizar as pessoas. Chega de sarcasmo! Muitas vezes, as pessoas dizem coisas ofensivas que consideram engraçadinhas ou inteligentes nas redes sociais, mas o verdadeiro efeito das palavras é cravar a faca cada vez mais fundo entre as pessoas (em todos os lados de uma questão). *Humor cruel dói* e não é nada engraçado. Percebi pela primeira vez que estávamos caminhando para problemas neste país quando todas as pessoas com quem conversei (principalmente liberais) se informavam a partir de comediantes. Tenho certeza de que era tudo engraçado e interessante. Mas também era doloroso para muita gente. Pessoas feridas tendem a atacar. E aqui estamos nós.

À medida que a pandemia da covid-19 se prolongava (e *nada* mais parecia engraçado), muitas pessoas começaram a questionar o que realmente queriam da vida. Já ouvi muitas histórias sobre pessoas que decidiram fazer o que amavam — o que as faz felizes — e o universo lhes proveu. Elas encontraram sucesso, alegria e abundância. Me identifico com isso. Percebi que me sentia deprimida quando me afastava demais daquilo que traz felicidade e alegria para minha vida. Fazer mudanças na vida (e terapia) sempre me trouxe de volta a alegria.

Houve algumas ocasiões, que chamo de Escuridão, que foram muito, muito sombrias e assustadoras para mim. Em todas elas, sair da escuridão envolvia tomar decisões difíceis que exigiam coragem e tristeza. Tive que largar o emprego. Tive que me divorciar. Tive que decidir que a empresa da família deveria ser vendida. Tive que sair de um relacionamento que não estava me dando o que eu achava que mais precisava. Em todos os casos, embora as separações fossem insuportáveis, a vida do outro lado era mais brilhante, melhor e simplesmente mais feliz.

Às vezes, a Escuridão existiu (e existe) por causa de coisas fora do meu controle — política, preocupações ambientais ou os horrores contínuos da humanidade, como guerras, violência contra mulheres e crianças, o sofrimento daqueles que estão famintos e doentes. Mas, em cada caso, quando me perguntei o que poderia fazer e comecei a fazê-lo, eu me senti mais fortalecida (e menos triste). Pequenos passos, como trabalhar no local de votação eleitoral para conhecer melhor meus vizinhos. (Há uma grande necessidade de voluntários eleitorais. Você também pode proteger a nossa democracia e o voto.)

DENTE-DE-LEÃO

Escolhas diárias, como ser gentil com as pessoas, mesmo que não concordemos sobre política, recusar o uso de produtos químicos em minha propriedade e apoiar empresas locais e pessoas que estão tentando fazer coisas boas. Às vezes, assumo um grande projeto, como escrever este livro, para dar à natureza a voz que ela tem me pedido.

Hoje, meu gramado está salpicado de dentes-de-leão (e trevo, que é um fornecedor natural de nitrogênio). E em vez de irritada, me sinto feliz.

Talvez apenas ser feliz seja suficiente para começar. Descubra o que te faz feliz e comece por aí.

Que você encontre alegria na jornada.

Obrigada, Dente-de-leão.

Clima

A moralidade deve ser inata para que os humanos sobrevivam.

JORNADA: 1º DE JANEIRO DE 2022

Escrevo isso no extremamente nebuloso Ano-Novo de 2022 na Pensilvânia. Eu não me importo com a neblina. (Na verdade, minha filha adolescente diz que minha paleta de cores de roupas é "dia nublado".) Houve incêndios recordes no Colorado ontem — mais de mil casas queimadas. Tornados recordes no sul do país em dezembro; além do fato de 2021 ter sido um ano de inundações extremas, secas, ondas de calor e tempestades no geral. Será este o ponto de virada em que começamos a levar a sério as mudanças climáticas? Duvido.

Poucas coisas preocupam mais os humanos — especialmente aqueles que tentam cultivar alimentos — do que o clima. Uma das razões pelas quais decidi não me mudar para outro lugar é que o clima na Pensilvânia é razoavelmente estável. Nos mapas que mostram como as mudanças climáticas vão afetar o futuro, o local onde vivo agora está numa posição privilegiada — alto o bastante para evitar inundações e longe o suficiente para evitar o pior do calor e da seca. Claro, eu adoraria morar na praia. Talvez um dia eu more (sem nem me mudar). Mas, por enquanto, estou apenas tentando entender tudo e manter a calma.

Minha Trilha de Livros me levou a ler um livro sobre xamanismo chamado *The Re-Enchantment*, de Hank Wesselman. Neste livro, Wesselman mencionou um outro chamado *Weather Shamanism*, de Nan Moss e David Corbin, que percebi ter comprado anos atrás, mas nunca havia lido. Eu sabia exatamente onde ele estava na estante da minha biblioteca. Eu li, e parte do que aprendi com ele me fez querer muito falar com o clima. Não sabia se seria possível fazer isso. Embora o clima nos afete todos os dias e falemos sobre isso o tempo todo, não me ocorreu que poderia ser alguma entidade com quem eu pudesse conversar. Eu queria entendê-lo melhor, não para controlá-lo ou consertá-lo. Não para fazer desaparecer o nevoeiro, mas talvez para dissipar o nevoeiro na minha mente sobre como podemos ter uma relação melhor com o clima em geral.

Decidi que minha primeira jornada do ano seria para conversar com o clima, como forma de homenageá-lo. E você precisa entender... Eu sou uma criadora obsessiva de listas, planos e resoluções de Ano-Novo. Mas fiz essa jornada antes mesmo de começar meu planejamento e minhas listas. Talvez porque eu soubesse que o clima tem o poder de derrubar qualquer plano que eu pudesse fazer.

Então, feliz Ano-Novo, e lá vamos nós...

Eu estava no deserto e uma tempestade de areia me ergueu até uma plataforma no espaço para olhar a Terra. Foi um pouco estressante, mas senti uma presença masculina ao meu lado me dizendo para relaxar. *Relaxe*. Enquanto eu olhava para a Terra, Clima falou:

— Nós criamos as ondas. Nós limpamos a Terra. — Ele deu de ombros e prosseguiu: — Nós não nos importamos muito com as pessoas, nos preocupamos em manter a Terra em harmonia.

— Como podemos ajudar?

— Gentileza. Delicadeza. *Reciprocidade*. Nós nos preocupamos com ações e comportamentos. Você não precisa de seus livros religiosos antiquados. Não precisa fazer sacrifícios ou construir altares ou monumentos. *Sua moralidade deve ser inata* para que os humanos sobrevivam. E o dinheiro não tem sentido, não vale nada. A única coisa que importa é a ação e o comportamento. Respeito. Gentileza. Delicadeza. Apreciação.

Observei o clima girando e circulando na Terra. Do meu ponto de vista no espaço, nenhum humano era visível lá.

— Somos o amor que se torna visível — acrescentou Clima.

De repente, vi e senti como o clima englobava todas as facetas do amor.

— Somos o amor glorioso de um dia perfeito de sol. O amor doloroso de uma tempestade. Somos a força que cria e destrói, e nada pode ficar entre nós e a Terra.

Eu estava quieta. Mas perguntei o que poderia fazer.

— Dance, Maria. Uma dança por dia. Uma canção. Isso é tudo que pedimos a você.

Eu me fundi com uma tempestade e senti a responsabilidade pessoal de *proteger a Terra* acima de todas as coisas.

— É nosso trabalho manter a Terra viva, não o seu. E é exatamente isso que faremos.

Assim falou Clima.

Saí da jornada com uma música na cabeça que sabia que tinha que dançar.

Depois de ser reprovada na escola pública na adolescência, fui para um internato no primeiro e no último ano, e lá descobri uma estação de rádio que salvou minha vida. A WSLE de Peterborough, New Hampshire, era uma estação folk com locutores de voz suave que trouxeram para minha vida músicas que ficariam comigo para sempre. Foi também no internato que aprendi a dançar sem timidez. Fiz uma aula de dança moderna. Não havia nenhum membro da família para me constranger e envergonhar, então *dancei*. Fiquei conhecida pela minha dança. Até ganhei um prêmio por isso.

Mas então me formei e parei de dançar. Uma série de acontecimentos tristes tornou difícil para mim qualquer tipo de dança, a menos que estivesse bêbada. Então parei de beber. Mas a música manteve meu coração vivo, mesmo que eu estivesse apenas dançando mentalmente ou em shows de rock barulhentos (que são essenciais para minha alegria).

Corta para várias décadas depois. Eu caminhava na escuridão total numa noite fria de outono ao lado do xamã Alberto Villoldo em Kripalu, um centro de retiro espiritual em Massachusetts. Estávamos indo para o local onde faríamos uma cerimônia do fogo sagrado. Eu só tinha lido sobre esse tipo de cerimônias, então estava animada para vivenciar uma em primeira mão com Villoldo. Ele não sabia nada sobre mim e senti que não se importava com isso. Mas eu sabia quem eu era e como aquele momento era importante para mim, então caminhei ao lado dele em silêncio, à frente de todos os outros colegas.

Ele abriu o espaço sagrado e acendeu o fogo. Então disse que nos ensinaria a canção sagrada do fogo para cantarmos juntos. Ele começou...

"Witchi-tai-to..."

Pera aí?! Eu conhecia essa música. Essa era uma das minhas músicas favoritas de Brewer & Shipley, uma dupla de folk rock. Eu ouvia na WSLE. Ainda tenho o álbum de vinil. Esse foi mais um daqueles momentos que Lisa chamava de NDPIEC — "Não dá para inventar essas coisas". (Embora ela tenha me informado que Villoldo, na verdade, canta "Nitchy-tai-tai", mas era exatamente a mesma melodia.)

Cantei junto como se não conseguisse cantar nada há anos. Sempre me sinto desconfortável cantando em outras línguas e na frente de outras pessoas. Mas essa música, esse cântico, eu conhecia. Eu amei. Eu entendi. Eu cantei.

A música foi escrita por Jim Pepper, membro das tribos Kaw e Muscogee Creek. As palavras foram ensinadas a ele por seu avô como uma canção ritual de peiote. Embora ele não soubesse mais o que significavam as palavras Kaw, Pepper acrescentou palavras em inglês sobre o espírito da água, que é o que carrega as visões do peiote. Só usei peiote uma vez, no ensino médio, não em um ambiente sagrado, e não me lembro de nada. Mas eu conheço o espírito da água. Já tinha feito amizade com elu: Cobra Arco-Íris!

Depois da minha jornada, dancei uma dança de Ano-Novo ao som de "Witchi-tai-to" e não me importo se alguém pensa que sou estranha (embora felizmente eu estivesse sozinha em casa). Enquanto dançava, percebi que estava criando ondas no ar, assim como o clima cria ondas. Ondas são vida. Ondas são música. Que presente maravilhoso temos em nossas mãos e corpos.

No quarto dia da minha resolução de dança de Ano-Novo sobre o clima, senti como se tivesse sido libertada de uma jaula em que estive mantida por quarenta anos. Desbloqueei a memória da época dos exercícios aeróbicos, quando me sentia forçada a fazer da minha alegria de dançar de forma livre um procedimento de exercício com passos rígidos que eu me sentia incapaz de seguir. Provavelmente é por isso que *Vem dançar comigo* é meu filme favorito ("uma vida vivida com medo é uma vida vivida pela metade!"). Existem tantos tipos de dança quanto o clima. Todas são boas. Todas têm propósito. Todas trazem alegria.

Outra mensagem importante dessa jornada ainda reverbera em minha mente: sua moralidade deve ser inata para que os humanos sobrevivam. Estive conversando recentemente com alguém que trabalha com muitos programadores na área de tecnologia. Ele está profundamente preocupado porque esses profissionais tendem a ser amorais. Nem imorais, que é propositalmente ruim. Nem morais, que é propositalmente bom. Mas amorais, o que significa que eles não se importam se algo é bom ou ruim. Estas são as pessoas que estão criando a nossa visão do mundo através do seu conhecimento técnico — as nossas redes sociais, os nossos algoritmos, a nossa inteligência artificial. Ele está preocupado porque, convenhamos, a religião organizada perdeu a autoridade moral. Entre os escândalos sexuais, a corrupção, a violência, o autoritarismo e a mesquinhez, a religião já não fala a muitos de nós e, quando fala, não faz sentido para aqueles de nós que leram os livros originais. Isso não significa que a religião seja ruim e não deveria existir. A religião serve a muitos propósitos e é uma escolha pessoal que muitos fazem. Mas ela perdeu o poder de fornecer orientação moral — se é que alguma vez o teve, para começo de conversa. O que pode ocupar esse lugar?

Gentileza.
Delicadeza.
Reciprocidade.
Apreciação.
Amor.

Verdade seja dita, tive que pesquisar a palavra *reciprocidade* só para ter certeza de que sabia o que significava, já que não a uso com frequência. Fui ao meu antigo dicionário Oxford: "Uma troca mútua de vantagens ou privilégios como base para as relações comerciais entre dois países." Ou entre duas pessoas ou mesmo duas entidades, eu acrescentaria. Há também o princípio da reciprocidade da psicologia, segundo o qual é muito mais provável que alguém seja gentil e generoso com você caso se sinta obrigado porque você já fez algo bom e gentil para a pessoa.

Em seu livro *A maravilhosa trama das coisas*, Robin Wall Kimmerer escreve o seguinte sobre reciprocidade:

Cada criatura, humana ou não, está ligada a todas as outras em um relacionamento recíproco. Assim como todos os seres têm um dever para comigo, eu tenho um dever para com eles. Se um animal dá a sua vida para me alimentar, eu, por minha vez, sou obrigada a sustentar essa vida. Se eu receber um presente de água pura de um riacho, então sou responsável por devolver o presente em espécie. Uma parte integrante da educação de um ser humano é conhecer esses deveres e como desempenhá-los.

Aprendi com Lisa que na língua quíchua dos Q'ero, a tradição xamânica dos altos Andes, um princípio fundamental da cosmologia é *ayni*, ou reciprocidade. "Se não estivermos 'em *ayni*' com todos, ficaremos desequilibrados e suscetíveis à doença e à infelicidade", contou ela. (Eu não sabia disso antes da minha jornada.)

É simples. E lindo. Gentileza. Delicadeza. Reciprocidade. Apreciação. Amor.

Acho que grande parte do propósito da religião é nos ajudar a entender o que pode acontecer depois que morrermos — seja o céu, seja o inferno, seja a reencarnação, seja o nada. A amoralidade pode resultar de não se importar com o que acontece de uma forma ou de outra. E a verdade é que nenhum de nós sabe ao certo o que acontece — embora existam histórias, documentários e lendas que nos provoquem com as opções possíveis.

Fui criada como luterana. Mas minha mãe e eu abandonamos a Igreja Luterana quando eu tinha catorze anos, depois de termos sido submetidas a um sermão horrível, inaceitável e misógino (o pastor havia brigado com alguém naquela manhã e a raiva dele era palpável). Meu pai foi criado pela mãe católica, que não era mais católica, e pelo pai judeu que não praticava mais o judaísmo, então ele teve a oportunidade de escolher o que queria ser. Ele escolheu não ser nada. Só que mais tarde, em sua curta vida, ele se tornou muito espiritual, e minha mãe também. Tudo isso me deixou um pouco livre e sem restrições para explorar meu próprio significado, o que fiz com gosto.

Deus e a vida após a morte existem? Não sei e não saberei até morrer. Mas sempre tive uma mentalidade estratégica e acredito em minimizar os riscos, por isso, desde sempre, fiz um acordo comigo mesma. Decidi que viveria minha vida como se Deus existisse e a vida após a morte fosse real e pudesse haver consequências por fazer coisas ruins. Dessa forma, minhas bases estão cobertas. Se não há nada após a morte, pelo menos vivi uma vida boa e causei o mínimo de danos que pude. E se houver vida após a morte, então saberei que fiz o meu melhor. É uma daquelas situações de ganhar ou ganhar. O ponto é que tomei minhas decisões sobre o que é ruim e o que não é ruim. Por exemplo, acredito que sexo é bom. Sagrado, até. Ferir outras pessoas física, emocional ou sexualmente é ruim. Muito ruim. A verdade é boa — até mesmo verdades difíceis. Mentiras são ruins. Não é tão complicado, na verdade. Mais importante ainda, acredito que todos deveriam ter a liberdade de decidir por si próprios em que acreditar. Essa é a gloriosa diversão e o mistério da vida!

Quanto mais viajo e quanto mais leio e compreendo o mundo xamânico, mais acredito que a morte na Terra não é a morte da vida e da consciência. Em *Cave and Cosmos* [Caverna e Cosmos, em tradução livre], livro que o dr. Michael Harner escreveu no final de uma vida inteira de pesquisa antropológica, ele afirmou que em todas as jornadas que testemunhou, pesquisou e leu, não havia nenhuma evidência de um "inferno". Na verdade, ele acreditava, como eu, que o inferno é aqui na Terra. No entanto, há muitas evidências em sua pesquisa de que existem outras realidades além desta vida, e são semelhantes em culturas, continentes e religiões. Portanto, cabe a nós agir com amor. É egoísta e tudo bem.

A moralidade inata não depende de algum livro ou autoridade. Ela vem de dentro de nós e nasce a partir de uma perspectiva evolutiva, cultivada ao longo de gerações através de comportamentos e ações repetidas.

Eu acredito na ciência. Também sei que às vezes o que é considerado verdade científica acaba por estar errado. É por isso que a experiência pessoal e a validação são tão importantes, mas também confusas. O que funciona para uma pessoa pode não funcionar para todos. Às vezes, o que é verdade é difícil de ignorar (e não deve ser ignorado). Tenho uma filha que está envolvida na investigação científica do clima e teve a oportunidade de validar em primeira mão as evidências das mudanças climáticas. Ela viveu em uma geleira no Alasca durante semanas, colhendo amostras do gelo e testemunhando a magnitude do derretimento. Ela trabalha para uma organização que monitora os oceanos e, por meio desse trabalho, viu as mudanças de perto e compreende as potenciais e terríveis consequências do aquecimento, acidificação e poluição dos oceanos para todos os aspectos da nossa vida. Isso é sério, pessoal. Embora a ciência possa nos alertar, ela não vai nos salvar. Agir e mudar nosso comportamento é o que nos salvará.

Quais comportamentos?
Gentileza.
Delicadeza.
Reciprocidade.
Apreciação.
Amor.
Não podemos impedir que o clima mude, mas podemos parar de fazer as coisas que o provocam e o tornam pior. Podemos começar

agora mesmo a trazer uma nova moralidade para a nossa existência, baseada não em regras estritas ou textos ultrapassados, mas no amor. Gentileza. Delicadeza. Reciprocidade. Apreciação. Amor.

É a moralidade inata que nos permitirá sobreviver em qualquer tipo de clima.

Obrigada, Clima.

Ácaros

Delicie-se com seu trabalho.

JORNADA: 5 DE JANEIRO DE 2022

Às vezes me pergunto se o que aprendi em minhas jornadas é pessoal ou universal. Por exemplo, se mil humanos viajassem para falar com determinada planta ou animal, as mensagens dos seres seriam consistentes? Poderiam ser validadas cientificamente? Isso importa? Talvez. Isso me impediria de explorar esses reinos? Não. A experiência já é suficiente para mim. Viajar me dá muito prazer e compartilho minhas experiências.

Não ficarei surpresa ou intimidada se algumas pessoas ridicularizarem ou rejeitarem a jornada xamânica. A descoberta científica sempre começa com uma pessoa brincando com uma ideia, e essa pessoa geralmente é ridicularizada no início. Meu avô lidou com décadas de ridicularização e desdém e mal ganhou um centavo com a indústria alimentícia de orgânicos de 62 bilhões de dólares cuja semente foi plantada por ele.

Pode-se dizer que a indústria orgânica começou na cozinha da fazenda dos meus avós em Allentown. E era minha avó que cozinhava (e fazia a jardinagem). Meus avós experimentaram primeiro para eles mesmos, seguindo sua paixão para descobrir se havia uma ligação real entre o solo e a saúde. "N de 1", é como chamamos: um único indivíduo que representa o grupo de teste experimental. Meu avô estava procurando formas de melhorar sua saúde porque não estava encontrando as respostas com os médicos. Ele leu tudo o que pôde e decidiu experimentar o cultivo dos próprios alimentos sem produtos químicos para ver se fazia diferença. Fez. Mas a ciência levou mais setenta anos para provar isso — sobretudo devido às forças corporativas que trabalharam para negar as evidências, já que muito dinheiro poderia ser ganho vendendo produtos químicos agrícolas para produzir alimentos menos nutritivos e ainda mais com produtos farmacêuticos para melhorar a saúde dos consumidores mal nutridos. Herdei a teimosia e a natureza independente dos meus avós, e você está prestes a testemunhar isso em ação...

Durante décadas, "terceirizei" o trabalho doméstico para poder me concentrar na minha profissão. Depois que vendi a empresa, decidi fazer toda a organização doméstica. Eu gostava de ser responsável por tudo na casa. Se algo não fosse feito do jeito que eu queria, a culpa era minha. Um dia, limpei o banheiro ao lado da cozinha. No dia seguinte, entrei no mesmo banheiro e vi o que parecia ser serragem na tampa do vaso sanitário. Olhei para cima. Normalmente, quando vejo serragem, também vejo abelhas-carpinteiras. Nadinha. Não havia buracos no teto (que, pelo menos, não era de madeira). Limpei a serragem.

No dia seguinte, fui ao banheiro e havia *mais* serragem. Olhei mais de perto e percebi que não era serragem, porque estava *se movendo*. Pequenos insetos estavam fervilhando por toda a tampa do vaso. QUE NOJO! Tirei uma foto, pesquisei no Google e lá fui eu, descendo pela toca do coelho da pesquisa de todos os tipos de coisas assustadoras — ácaros sugadores de sangue, talvez? Peguei vinagre e sabão e até um pouco de álcool e limpei tudo muito bem. Verifiquei tudo ao redor para descobrir de onde eles estariam vindo. Não encontrei.

Eles voltaram. Joguei água fervente sobre eles. Eles continuaram voltando.

Quanto mais eu pesquisava, mais assustada ficava. Os ácaros-de-galinha, por exemplo, podem ocupar todos os cômodos da casa e até picar você! Comecei a lavar toda a roupa em água quente e a comprar protetores contra ácaros para as roupas de cama. Peguei no porão o velho microscópio que Elvin deu às minhas filhas. Fizemos uma raspagem, ampliamos e tiramos uma foto. Eca! Definitivamente era algum tipo de ácaro. Mas as pessoas que administram o aplicativo identificador de insetos pelo qual paguei um bom dinheiro simplesmente disseram: "Desculpe, não trabalhamos com ácaros porque eles não são insetos." (Os ácaros pertencem à família dos aracnídeos, que inclui aranhas e carrapatos.)

Lá estavam eles, todos os dias. Fui à loja de ferragens e comprei todos os acaricidas naturais que encontrei. Experimentei óleos essenciais. Eles voltavam. Coloquei uma sacola plástica presa com fita adesiva ao lado do vaso sanitário para depositar os ácaros mortos (minha melhor ferramenta para capturar ácaros). Fui implacável. A sacola ficava cada vez mais cheia. Minha ansiedade era um tormento constante. Eu não ia conseguir parar até resolver o mistério.

Por fim, e pela primeira vez na vida, chamei um dedetizador. O dedetizador apareceu e disse:

— Sim, isso é um ácaro. Mas tenho que pedir ao meu chefe para identificar de que tipo.

Ele disse que a única opção seria dedetizar a casa inteira, como para matar percevejos.

— O spray é muito tóxico — comentou, fazendo uma careta.

Por favor, entenda... Minha casa é limpa e eu sou meticulosa. Então, comecei a sentir que se tratava de um teste. Eu estava zombando mentalmente de mim mesma. "Claro, Maria, você sempre fala em encontrar a causa até chegar na sua casa. Quando isso acontece, você está disposta a matar e destruir!"

No dia seguinte, o dedetizador ligou de volta.

— Meu chefe diz que são ácaros de mofo. Não é possível exterminá-los com veneno. É necessário encontrar o que causa o mofo.

Caramba! Fiquei muito aliviada, porque os ácaros de mofo não são sugadores de sangue. Depois, fiquei ainda mais curiosa. De onde vinha o mofo? Eu não via nenhum mofo. Então, ficamos agressivos. Elvin e eu tiramos o vaso sanitário e o levamos para fora. Verifiquei o chão do banheiro e os canos que entravam e saíam da privada. Um pouquinho de mofo, mas não muito. Nenhum sinal de ácaros. Fui lá fora com uma mangueira e uma esponja para examinar a privada mais de perto.

A princípio, não consegui ver nada de incomum. Então, virei o vaso sanitário para poder olhar atrás — a parte que fica de frente para a parede. "Isso é estranho", pensei. "Por que tem ração de cachorro aqui atrás?" Limpei, jogando a ração fora. Foi quando eu vi: um buraco no interior do vaso sanitário que estava cheio, CHEIO, de comida de cachorro velha, mofada, teias de habitat de ácaros e outras coisas marrons misteriosas que não tentei examinar mais de perto. Enfiei a mangueira no buraco e abri a torneira. Por uns bons cinco minutos, saiu uma coisa marrom. Não coisas marrons humanas, mas outras coisas marrons.

De repente, tudo fez sentido. Eu descobri a causa dos ácaros. Mas como a ração de cachorro chegou lá?

Eu tinha uma cachorra na época. Era a cadela da minha filha Maya, Lady Miss Penny, uma adorável Shiba Inu que era muito idosa, surda, cega e em estado de declínio mental (coitadinha). Ela estava passando a aposentadoria na minha casa de campo, já que a vida de Maya na cidade era muito estressante. Pratiquei o amor incondicional com Penny, o que nem sempre foi fácil. Durante toda a primavera, verão e outono, eu deixava a porta da cozinha aberta para que ela pudesse entrar e sair quando quisesse. A tigela de ração seca ficava bem ao lado da porta, que ficava bem ao lado do banheiro com o vaso sanitário cheio de ração. Aparentemente, gerações de ratos ou algum outro roedor usaram meu banheiro como despensa de inverno. O mofo se instalou. E os ácaros estavam apenas fazendo seu trabalho: devorar o mofo. Mistério resolvido. Origem descoberta.

Se eu tivesse cedido ao pânico original e pulverizado produtos químicos tóxicos para matar os ácaros, os únicos que teriam sido prejudicados a longo prazo teriam sido eu, minha família e meus animais de estimação. Por mais exaustivo e frustrante que tenha sido o processo de descoberta, eu poderia voltar a viver em paz e mudar meu comportamento para evitar mais problemas com ácaros (não deixar comida de cachorro para fora durante a noite, por exemplo). Tudo na natureza tem um propósito e, quando mexemos com isso, mexemos com nós mesmos. Não podemos salvar todos os insetos ou ácaros, mas podemos compreendê-los em vez de presumir que a resposta drástica é o melhor caminho a seguir.

Aqueles ácaros estavam tentando me dizer alguma coisa. Eles eram meus professores — o que não significa que fossem bem-vindos em minha casa (ou que eu gostasse deles). Quanto aos ratos, bem... uma casa não é um lar sem um rato. Isso é viver no campo. Elvin, porém, estava convencido de que não era um rato.

— Os ratos não estocam comida — disse ele.

Mas eu não queria pensar em nenhum outro saqueador, então guardei a ração todas as noites e continuei com minha vida.

Esse não foi o fim da história.

Lady Miss Penny faleceu quando o inverno chegou. Foi triste, mas ela viveu uma vida ótima durante dezesseis anos e foi muito amada.

Instalei um vaso sanitário novo naquele banheiro, que não tinha buracos escondidos para colocar comida. (A senhora da loja de encanamento pensou que eu fosse obcecada por buracos — mas vasos sem buracos na parte de trás não são fáceis de encontrar.) Como a cachorra havia morrido, eu não estava mais colocando ração do lado de fora (embora Pumpkin, minha gata, ainda fosse alimentada no porão). Felizmente, não havia sinal de ácaros. Mas então, um dia, enquanto limpava, levantei as almofadas do meu sofá *novinho* e lá, no canto, havia uma pilha de ração para animais de estimação. Santa Mãe do Mistério! Que merda é essa?!

Mais uma vez, tomei uma atitude sem precedentes. Comprei armadilhas para ratos — do tipo que aparecem nos desenhos, porém maiores e mais mortais. Coloquei algumas no canto do sofá e as preparei com ração de gato... (Bem, Elvin as preparou. Tenho medo de preparar armadilhas. Eu não me importo de remover armadilhas com coisas mortas, mas o potencial estalo ao colocá-las me assusta.)

Lamento pelo que estou prestes a dizer. Se você for impressionável, pode pular os próximos parágrafos...

Durante alguns dias verifiquei as armadilhas todas as manhãs, mas nada aconteceu. Então, um dia, na sala ao lado, encontrei uma ratoeira vazia.

"Hmmm", pensei, "isso é estranho". Eu olhei melhor. Ah, a armadilha não estava vazia. Ainda havia um pedaço de pelo, pele e músculo preso a ela. Nada mais. Nenhum sangue. Sem entranhas. Sem bigodes.

Como uma mulher criada com Nancy Drew, novelas de TV depois da escola e romances (do tipo que inclui mistérios), usei meus poderes de dedução e descobri o que havia acontecido: com base no pequeno pedaço de pele, que tinha uns poucos cabelos brancos entre a maioria de castanhos, determinei que aquilo tinha sido um esquilo. Ele deve ter sido pego na armadilha, mas não morreu, arrastando a si mesmo e à armadilha para a outra sala. O barulho deve ter chamado a atenção da Pumpkin, que abandonou tudo o que estava fazendo no meio da noite, acelerou a morte do referido esquilo e comeu tudo o que conseguiu remover da armadilha. Pumpkin nunca conheceu um esquilo que não quisesse devorar. Mistério resolvido.

Um ano depois, eu me senti compelida a contar uma versão muito condensada da história do esquilo para um oftalmologista na Filadélfia.

Minha filha mais nova sofria de uma doença ocular autoimune chamada uveíte. Parecia ser crônico e em 50% dos casos não há causa conhecida. Já havíamos consultado esse especialista da Filadélfia três vezes, e ele descartou muitas das minhas suposições. Ouso dizer que as respostas eram um pouco condescendentes. Estou feliz por termos encontrado aquele médico e sou muito grata a ele. Só que não podia aceitar que não houvesse alternativa a manter a minha filha tomando esteroides durante o restante da vida (ou pior, já que a uveíte é a terceira principal causa de cegueira). Quando adolescente, ela era um pouco resistente à minha busca por respostas e respeitei seus desejos. Mas eu ainda queria encontrar a causa daquela inflamação crônica. O oftalmologista, um dos melhores na área, garantiu que havia descartado todas as causas habituais com vários testes. Ele lavou as mãos, dizendo que não sabiam o que causava esse problema e provavelmente nunca saberiam.

Bem, eu sabia que o tempo desse médico era precioso, mas comecei a contar a história. Percebi que até a enfermeira se afastou do computador para ouvir.

— Doutor, nós vamos encontrar aquele esquilo — afirmei após terminar a história.

(Eu deixei de fora a parte sobre a gata o devorando.)

Basta dizer que minha filha ficou morta de vergonha. O médico deve ter achado um absurdo. Mas a enfermeira provavelmente se lembraria de mim da próxima vez... assim como do caso do esquilo. Eu não via problema nisso. Afinal, eu era uma exploradora e aventureira em busca de um mistério. E uma mãe em uma missão.

Já se passaram dois anos desde que os ácaros apareceram no meu banheiro e agora é hora de fazer uma jornada e ver o que posso descobrir. Quando viajo, muitas vezes defino minha intenção como uma pergunta: "O que preciso ver e não estou vendo no momento?" Vamos "ver" o que descobri...

Eu ainda entrava em cada jornada um pouco cética e nervosa sobre o que poderia vivenciar. Dessa vez, foi porque nunca havia tentado falar com um aracnídeo e eles me deixavam aflita.

Segui para a minha árvore como sempre, mas logo fui transportada para o interior do meu vaso sanitário, para o momento em que ele estava cheio de ácaros... e mofo. Em vez de ficar enjoada e enojada, senti alegria e uma profunda sensação de produtividade.

— Cantamos enquanto trabalhamos — ciciaram os ácaros —, mas você não consegue ouvir porque é muito grande. Nós nos encantamos com o nosso trabalho!

Eu senti a alegria deles, só que meus olhos começaram a coçar. Os Ácaros me disseram que não enxergam muito bem. Eu, porém, pude ver um esquilo com bochechas gordas enfiando a cabeça no buraco e cuspindo um monte de ração de cachorro.

— A propósito, foram nossos filhos que você matou em cima do vaso sanitário — disseram os Ácaros. — Estávamos tão felizes e bem alimentados que tínhamos muitos filhos e não havia espaço suficiente para todos, por isso os enviamos em busca de novos locais de mofo. Sem mofo. Sem ácaros.

Pedi desculpas e fui em busca de Esquilo.

Ele ainda estava no quarto onde morreu. Era uma coisinha atrevida — barriga gorda, bochechas gordas. Estava reclinado no chão com o cotovelo estendido e o antebraço segurando a cabecinha fofa. Acho que tinha um pedaço de grama saindo de sua boca. Perguntei o que ele estava pensando ao colocar comida de cachorro no meu banheiro e no sofá.

— É quentinho aqui e a comida é fácil de conseguir. Como não amar? Comida, abrigo, família… É disso que se trata a vida. Deliciar-se em conseguir comida. Se você não tem prazer no seu trabalho, não o faça.

Pedi desculpas por minha gata tê-lo comido, mas o esquilo não parecia muito preocupado.

— Gostamos de nos sentir úteis.

Ele deu de ombros.

Então me levou até a toca que mantinha no meu quintal. No verão, vejo esquilos entrando e saindo da toca o tempo todo. Mas era inverno, e havia uma mãe dormindo aconchegada com uma ninhada de bebês. Havia um pai também.

— Esse é meu filho — apresentou Esquilo com orgulho. — Ele é um bom rapaz.

Perguntei se ele tinha algum conselho para os humanos.

— Não. Não pensamos muito em vocês. Gatos, sim. Humanos, não.

Agradeci aos Ácaros e ao Esquilo, exatamente quando o tambor me chamou de volta.

Delicie-se com o seu trabalho! Eu não estava esperando isso.

Pesquisei como são chamados os bebês esquilos. Eles são chamados de "filhotes".

Tentei descobrir se os ácaros têm ou não o sentido da visão, mas tudo que consegui encontrar foram informações sobre como matá-los. Me deparei com um artigo que dizia que mofo preto (o tipo que estava na privada) é conhecido por causar inflamação ocular em humanos! Talvez aquele bolor seja o "esquilo" que causou uveíte — é possível. (Também considerei a ideia de que *eu* possa ser o esquilo, já que posso ser chata, especialmente quando estou tentando obter respostas.)

Desde então, aprendi que cada um de nós, seres humanos, têm mais de 1 milhão de ácaros *vivendo em nosso rosto*. Felizmente eles são tão pequenos que não podemos vê-los. E aparentemente eles fazem um trabalho importante, então não devemos tentar matá-los. Pense nisso... há 1 milhão de ácaros no seu rosto neste momento, deliciando-se por fazerem o trabalho deles. E cantando!

Eu não iria resolver o mistério da uveíte da minha filha hoje. Em última análise, encontrar a solução para a saúde dela é sua própria jornada, como aconteceu com meus avós. (Felizmente, Lucia está sem esteroides agora.) Sou grata aos meus avós por lançarem o movimento orgânico moderno e um enorme movimento de saúde natural. Também sou grata aos médicos e aos medicamentos que aliviaram a uveíte de Lucia. Na verdade, sem eles, nenhuma das minhas filhas teria nascido e eu não teria sobrevivido ao parto. O que agora entendo e não entendi quando encontrei a invasão de ácaros em meu banheiro pela primeira vez é que encontrar a causa das coisas pode ser um trabalho difícil e desafiador. Mas podemos nos deliciar com isso e rir. Cantar enquanto fazemos isso. Trabalhar juntos para encontrar soluções para nossos problemas de saúde e ambientais é um esforço em equipe. Em vez de demonizarmos uns aos outros, vamos nos deliciar com nosso trabalho juntos.

Obrigada, Ácaros. E obrigada também, Esquilo.

Carrapato

Relaxe.

JORNADA: 13 DE JANEIRO DE 2022

Ansiedade.

A ideia de viajar para falar com carrapatos me deixa ansiosa. Mas sei que devo. Para que este livro fique completo, devo me aventurar a procurar a coisa mais assustadora do meu jardim.

Carrapatos são assustadores porque sugam sangue e espalham a doença de Lyme. Seria a doença de Lyme uma arma biológica projetada? Algumas pessoas me disseram que sim. Então, além do medo, fico curiosa para ver o que vou aprender com esses pequenos sugadores de sangue da família das aranhas.

Tudo bem, vamos lá!

Entrei na escuridão da minha árvore e me senti flutuando lentamente para baixo. Aterrissei numa savana gramada ao lado do meu animal de poder. Notei um carrapato no pescoço dele, então retirei-o e o segurei na mão. Estava ingurgitado, com as perninhas se contorcendo. Pedi para falar com ele e me deitei contra a barriga quente do meu amigo peludo. Comecei a encolher e encolher até ficar tão pequena quanto um carrapato. Talvez eu até fosse um.

— Estou sozinho. Eu estou solitário.

Falei os pensamentos do carrapato em voz alta.

— Não conheço meus pais e nunca conhecerei meus filhos.

Pensei em como os carrapatos são semelhantes aos polvos nesse aspecto, sem nunca conhecerem os filhos (ou pais) — e ambos também são criaturas de oito patas.

— Procuramos seres de sangue quente (e às vezes de sangue frio também) para sugar e nos alimentar. Assim como você gosta de se aconchegar sob cobertores quentes, nós adoramos nos aconchegar na pele quente para nos alimentar.

Perguntei qual era o propósito dos carrapatos.

— Precisamos de um? Acho que somos comida para pássaros. Gambás nos consideram uma iguaria. Quando a natureza está em equilíbrio, somos apenas um pequeno incômodo.

— Você tem uma mensagem para os humanos? — perguntei.

— Relaxem. Parem de tentar controlar tudo. Não vamos embora e não pretendemos causar doenças e deixá-los doentes. Não *matamos* pessoas. Então, relaxem. E cuidem de vocês mesmos e uns dos outros. É uma sensação boa e faz vocês prestarem atenção ao próprio corpo.

Nesse ponto, vi a imagem de uma mãe e um filho chimpanzé cuidando dos pelos um do outro. Eles eram amorosos e atenciosos.

— Examinem seus corpos. Não somos incríveis? *Nós somos maravilhosos*.

Nesse ponto, eu me vi aninhada de volta ao meu animal espiritual. Eu o abracei apertado e disse que o amava no momento em que o tambor me chamou de volta.

Confesso que tive uma sensação palpável de alívio quando a jornada terminou. Bom, não foi tão ruim. Os carrapatos são solitários, assim como nós.

Só para ter certeza de que os carrapatos vivem uma vida solitária, eu pesquisei e é verdade. O carrapato macho morre imediatamente após o acasalamento. A fêmea morre imediatamente após colocar os ovos. Eles são uma espécie solitária e antiga. Mais de 100 milhões de anos. Os humanos ainda são uma espécie bebê em comparação, e numa fase em que, sem a orientação dos pais, podemos muito bem nos matar fazendo coisas estúpidas e evitáveis.

    Meu maior medo quando me mudei para a floresta eram os carrapatos. Principalmente os pequenininhos. Praguejei quando os tirei dos meus animais de estimação. Eu mantinha um pote de álcool isopropílico em minha despensa para todos os carrapatos errantes que encontrei rastejando sobre mim, meus móveis e, às vezes, minhas filhas. Uma ou duas vezes, tive que tirar um de mim mesma (geralmente depois de deixar um animal de estimação dormir na minha cama, um hábito que eliminei). Por cerca de seis anos, criei galinhas d'angola, que comem carrapatos. Quando as pessoas disserem que elas são barulhentas, *acredite*. Elas fazem barulho a qualquer hora do dia e da noite.

    Quando a minha filha mais nova tinha três anos, descobrimos, quase sem querer, que ela tinha a doença de Lyme. Durante os exames anuais, notamos uma erupção cutânea estranha. Não foi uma erupção cutânea em formato de alvo, como dizem todas as "autoridades" ao descreverem como é a forma característica das erupções cutâneas da doença de Lyme. Era um formato oval estranho na perna dela, sem nenhum sinal de picada de carrapato. Felizmente, detectamos a tempo: ela tomou antibióticos e não teve efeitos duradouros.

    Na minha vigilância, criei o hábito noturno de ficar nua na frente de um espelho e verificar se havia carrapatos grudados em mim antes de ir para a cama. Eles gostam de lugares quentes e úmidos (como axilas, a região da virilha e, para as mulheres, abaixo dos seios). Foi assim que descobri o pequenino carrapato que causou meu caso de doença de Lyme. Meu olho captou uma pequena mancha preta na minha região pubiana. Quando investiguei de perto, ela caiu e vi que era um minúsculo carrapato de cervo, que é o maior transmissor de doenças. Coloquei-o em um saquinho e disse a mim mesma que, se algum sintoma estranho surgisse nos próximos dias, eu iria ao médico. Dito e feito. Dois dias depois, tive uma erupção cutânea plana, escamosa e vermelha no ombro, longe do local da picada. E não parecia um alvo. Mesmo assim, testei positivo para a doença de Lyme e tive que tomar antibióticos durante 28 dias e ficar longe do sol (daí a interrupção da minha guerra contra a artemísia, descrita anteriormente). Estou bem agora. E é verdade — pessoas raramente, ou nunca, morrem da doença de Lyme... graças à eficácia dos antibióticos. Embora cause alguns sintomas devastadores, especialmente se o diagnóstico e o tratamento não forem feitos imediatamente.

Relembro o que aprendi sobre a melhor forma de reduzir a propagação da erva-alheira, que é caçar cervos, o que também reduz significativamente a incidência de doença de Lyme. Mas há outro componente a ser considerado. Em geral, os filhotes de carrapatos (chamados ninfas) gostam de se alimentar de ratos — e é assim que eles têm maior probabilidade de se contaminar com o organismo responsável pela doença de Lyme. Após a alimentação, as ninfas caem dos ratos e passam o inverno sob as folhas da floresta. Na primavera seguinte, eles procuram cervos (sua refeição preferida) para se alimentarem antes de botar ovos e morrer. Mas não vivemos em tempos normais, e o superdesenvolvimento levou à superpopulação de cervos em áreas cada vez menores de campos selvagens e florestas, ao mesmo tempo que as populações de ratos aumentam, porque há menos predadores para mantê-los sob controle. As criaturas que comem ratos vão desde raposas, falcões e corujas até cobras, gambás e, sim, gatos. Cães e coiotes também. Então, se houver muitos ratos e muitos cervos e poucos predadores, a população de carrapatos explode e daí eles passam a se alimentar de humanos. Qual é a solução? Manter a população de cervos sob controle com a caça regulada, além de incentivar e proteger os predadores de ratos, o que significa garantir que existam muitos espaços selvagens. E, por fim, verifique se tem algum carrapato grudado em você, todos os dias.

A doença de Lyme é uma arma biológica fabricada pelo homem? Acho que não. A melhor evidência que desmascara essa história são os abundantes relatórios científicos de que ela existiu ao longo da história em humanos e animais, embora não fosse chamada por esse nome.

Relaxe. Preocupar-se com teorias da conspiração não vai fazer a vida melhorar. E não vai nos manter seguros. Proteja e respeite os lugares selvagens para que a natureza possa encontrar equilíbrio. Deixe os predadores fazerem o seu trabalho.

Cuide-se. Preste atenção em seu corpo.

Cuide de seus entes queridos (incluindo seus animais de estimação) e preste atenção aos corpos deles.

No fim das contas, todos podemos ser pequenos incômodos.

Lembre-se, quando o carrapato disse: "Somos incríveis", não estava falando apenas sobre carrapatos. Estava falando sobre todos nós. *Somos todos incríveis!*

Obrigada, Carrapato.

Álamos

Sempre use seu poder para o bem.

JORNADA: 19 DE JANEIRO DE 2022

Quando me mudei do centro de Emaús para a casa na floresta, passei muito tempo apenas observando a natureza ao meu redor. Um dia, enquanto olhava para as árvores, fiquei confusa. Aquelas árvores eram álamos? Mas os álamos não crescem apenas no oeste, em lugares como o Colorado? Fui pesquisar. É, os álamos também crescem na Pensilvânia.

Ao lado da minha fogueira de acampamento há um pequeno bosque de álamos aninhados entre os pinheiros brancos. Plantei os pinheiros, mas os álamos se instalaram sozinhos. É um prazer observar suas folhas vibrantes e brilhantes dançando ao menor sinal de vento. Não briguei com eles. Ainda parecia estranho ter álamos na Pensilvânia, mas não cabe a mim dizer quem pertence a este lugar e quem não pertence.

Isto é, até que os álamos começaram a se mover para os canteiros do meu jardim. Em apenas um ano, do outono à primavera, uma dúzia de mudas de álamo-trêmulo brotou entre meus preciosos bordos japoneses, que são uma das maiores alegrias do meu jardim. Portanto, os álamos invasores precisavam desaparecer.

Você sabia que os álamos se clonam e os clones se conectam entre si no subsolo, criando o maior organismo único, em área, na Terra? Parabéns, álamos. Mas vocês ainda precisam respeitar meus bordos japoneses. Por favor.

Eu sabia que não deveria removê-los sem primeiro tentar entender o que eles queriam me dizer, então pesquisei no livro

Nature-Speak, de Ted Andrews. O que me chamou a atenção é que os álamos fazem ótimas "varinhas" para falar com as árvores. A-há! Isso me deu a desculpa de que eu precisava para desenterrá-los. Vou fazer varinhas.

O que alguém faz com varinhas? Não faço ideia, mas posso descobrir isso depois.

Foi bastante surpreendente a facilidade com que eles saíram, como se estivessem dizendo: "Me escolhe como varinha! Não, eu, eu!" Desenterrei todos, mas um deles foi um pouco mais difícil do que os demais. Estava aninhado entre o cravo-do-poeta, que devo dizer que é muito poético. De repente, vi — um toco de álamo velho e "morto" no cravo. Ahhh. Esse toco, que provavelmente foi cortado há anos, tinha enviado brotos, filhos, descendentes.

Retirei todos os pequenos álamos errantes de meus bordos japoneses e decidi viajar para ver o que mais preciso saber e entender sobre eles. O balde de gravetos (potenciais varinhas) ficou no meu local de jornada por meses. Finalmente, um dia, senti que era hora de ver o que ele tinha a dizer. Tomei meu café da manhã e olhei para a vista de inverno. Havia neve no chão e um nascer do sol rosado. As árvores estavam nuas, mas eu podia senti-las me chamando. Terminei meu café e me preparei. Escolhi dois gravetos de álamo-trêmulo para segurar durante a jornada.

Abri o espaço sagrado, deitei e dei play no aplicativo de tambores.

Entrei na minha árvore, que se tornou uma grande caverna marrom-escura — uma catedral de árvores sem folhas. Havia uma abertura que levava a uma bela floresta de álamos. A luz era de outro mundo — um céu azul crepuscular, iluminando folhas verde-vivas e grama suave e brilhante. Passei por um caminho até chegar a uma clareira gramada e me deitei. Senti meu corpo se fundir com a terra, as árvores, as raízes, até me tornar um álamo-trêmulo. Minha cabeça começou a balançar para a frente e para trás como se fosse uma folha de álamo tremulante, e eu podia ouvir a conversa entre todas as outras folhas. Parecia risada e fofoca amigável. A energia branca e brilhante das raízes das árvores me conectou a tudo e a todos — outras árvores, mas também a todas as pessoas. Pude ver que, como as folhas que caem no outono, quando as pessoas deixam a Terra (morrem), elas flutuam para o universo ainda conectadas pelos filamentos das raízes. Tudo, todas as estrelas, planetas e pessoas, estavam interligados.

Álamo falou:

Estamos todos ligados. Somos todos um.
Somos as peças e somos o todo.
Somos tudo e não somos nada.
A galáxia é uma célula.
A galáxia é uma floresta.

Pude ver a nossa galáxia como uma célula, com o Sol como núcleo e os limites exteriores como uma membrana. Estamos todos relacionados. Somos todos relações. Somos todos um. Eu pude ver isso. Fazia todo o sentido. Estamos dentro de uma célula, e trilhões de células estão dentro de nós. Tão bonito. Um microbioma dentro de um microbioma. Um macrobioma dentro de um macrobioma.

— E as varinhas? — perguntei.

— As varinhas representam o livre-arbítrio. Você tem poder. Todo mundo tem poder. Mas o que você faz aos outros, faz a si mesmo. Sempre use seu poder para o bem. Saiba que *tudo e todos* têm poder.

Então eu estava sentada na clareira da bela floresta de álamos. Uma mulher indígena vestindo penas e peles brancas caminhou em minha direção. Eu não consegui distinguir o rosto dela. Ela começou a dançar em círculos ao meu redor. Três círculos. Tentei perguntar o que ela estava fazendo e o que queria que eu soubesse, mas ela não falou. Após o terceiro círculo, ela se ajoelhou na minha frente. Nós demos as mãos e olhei em seus olhos, que refletiam florestas e galáxias.

— Sempre use seu poder para o bem — disse ela. — Estamos todos ligados. Somos todos um.

Naquele momento, o tambor me chamou de volta.

Não sei quanto a você, mas eu me senti impotente muitas vezes na vida. Impotente para mudar e consertar as coisas, resolver os problemas do mundo. Durante essa jornada com Álamo, tive um vislumbre de uma ideia diferente sobre poder: a possibilidade de que cada coisa que fazemos, bem como cada pensamento e cada palavra nossa, tenha poder e consequências infinitas. Não só as grandes coisas que importam — como ter filhos ou seguir uma carreira —, mas também as pequenas ações cotidianas. Incluindo as palavras que falamos para quem amamos. As palavras que não falamos. Nossos tuítes. Até nossos pensamentos secretos.

Eu me lembro de quando era criança e pensava na ideia de que "Deus vê tudo" e sentia vergonha e medo. Tudo? Mesmo? Até quando estou cutucando o nariz ou indo ao banheiro? Estou falando de um tipo diferente de visibilidade. Não é que algum homem velho está sentado em um trono lançando vergonha e julgamento. É a ideia de que, independentemente do que os outros pensam ou dizem, cada coisa que fazemos tem um impacto. Tudo o que fazemos é importante.

Ultimamente, tenho pensado muito sobre a palavra *integridade*, sobretudo porque parece estar faltando em muitas pessoas em tantos lugares, em todo o mundo. Mas não posso controlar os outros. Tudo que posso controlar sou eu mesma e minha própria integridade. Eu uso meu poder para o bem? Todos os meus poderes? Eu tento. Nem sempre consigo, mas com certeza tento. Integridade significa ser honesto, verdadeiro e fazer a coisa certa de acordo com um código ético e moral (de amor, sugiro). Integridade é não se permitir ser corrompido ou tentar corromper os outros. Precisamos de mais integridade no mundo. Mas tudo que posso controlar é a minha. Esse é o meu poder.

Às vezes, isso pode ser esmagador. São tantos aspectos, desde pensar sobre de onde vêm os alimentos que compro e como foram produzidos (e para onde vão quando já os consumi) até aquelas coisas sarcásticas que quero postar nas redes sociais ou dizer espontaneamente para familiares ou amigos. Eu tento estar consciente de que cada uma dessas coisas tem consequências, e as consequências negativas também me machucam. Isso *costuma* ser o suficiente para me fazer parar e pensar. (Mas nem sempre. Nenhum de nós é perfeito.) Tento lembrar que cada ação cria uma onda que reverbera por toda a humanidade — e por todo o universo.

Cabe a nós decidir como usaremos nosso poder, o poder que cada um de nós já possui. Se não o usarmos para o bem, estaremos apenas prejudicando a nós mesmos. Como eu disse antes, nem os xamãs são todos bons. Muitas pessoas são atraídas por grupos espirituais, religiões, políticos, celebridades e empresários de sucesso (ou bilionários) porque procuram poder para os próprios fins egoístas, seja por fama, riqueza, iluminação ou influência. Muitas pessoas são atraídas para seguir aqueles que acumulam poder porque isso as faz se sentir especiais por associação e lhes dá uma sensação de pertencimento. Mas esse tipo de abuso de poder, no fim, só pode prejudicar. É por isso que qualquer tipo de busca espiritual — especialmente o xamanismo — deve ser abordada com respeito, humildade e cautela.

Muitos abusos de poder residem na busca por dinheiro. E muita ansiedade no mundo reside em pensar sobre quem tem dinheiro e quem não tem, e como consegui-lo se não o tiver e como obter mais se o tiver. Embora eu tenha sido abençoada por vir de uma família com dinheiro suficiente e por ter ganhado dinheiro suficiente, sei que ele não compra felicidade (e muitas vezes complica as coisas). Sim, é importante que todos tenham dinheiro suficiente para as necessidades básicas — comida, abrigo e uma sensação de segurança. Mas temos que mudar nosso foco de buscar cada vez mais para nós mesmos e passar a praticar a generosidade para com os outros. Ser generoso, como indivíduo *e* como governo, para com o povo, é a chave para garantir que todos estejam seguros e protegidos. Há o suficiente para todos. E cuidar uns dos outros torna o mundo mais seguro para todos nós. Garantir que todos tenham o suficiente e estejam seguros não é socialismo. É amor.

Eu escolho viver como se estivéssemos todos conectados e fôssemos todos um. Escolho usar todo o poder que tenho para o bem. Isso torna tudo mais fácil. E melhor. E mais divertido. Ainda erro muito, o que é normal do ser humano, assim como todos nós erramos.

Só o amor vence no final. Aparentemente essa é uma lição que precisamos aprender de forma contínua. Seria bom lembrar que, embora todos pareçamos indivíduos, estamos conectados com filamentos de luz, como as raízes do álamo-trêmulo.

Devemos sempre usar nosso poder para o bem. Porque o que fazemos aos outros, fazemos a nós mesmos. Afinal, estamos todos ligados. Somos todos um.

Obrigada, Álamo.

Cigarra

Precisamos da escuridão para crescer.

JORNADA: 20 DE JANEIRO DE 2022

A cada dezessete anos, as cigarras conhecidas como Ninhada X, a grande ninhada do leste, saem de suas casas subterrâneas para voar embriagadas pelo ar, acasalar, botar ovos e morrer. Os gritos de chamados de acasalamento soam como naves alienígenas. (Ou talvez as trilhas sonoras dos filmes de ficção científica com naves alienígenas tenham sido baseadas no canto da cigarra... Isso parece mais provável, já que nunca ouvimos uma nave alienígena.) Durante aproximadamente quatro semanas no verão, há um frenesi de cigarras de dezessete anos festejando como se não houvesse amanhã. Porque para elas não há mesmo.

Embora a Ninhada X seja nativa do nordeste dos Estados Unidos, existem cigarras em todo o mundo. Quando jovem, eu sonhava em viajar para a França e, quando cheguei lá, uma das minhas compras mais preciosas foi um vaso de parede vintage para cigarras que encontrei em um mercado de pulgas. É um símbolo de boa sorte e felicidade e foi uma das primeiras coisas que pendurei na minha nova casa, que foi construída durante um ano da Ninhada X.

Jamais me esquecerei de estar no solo arenoso alaranjado com o mestre de obras, as plantas da construção manchadas de terra apoiadas numa mesa improvisada enquanto observávamos a estrutura de madeira da casa subir... e de sermos bombardeados por cigarras desajeitadas a caminho de algum lugar em busca de amor. Eram muitas, com olhos laranja-avermelhados mais vazios do que assustadores.

(Curiosidade: depois que morrem, seus olhos ficam pretos.) As cigarras não são motivo de medo. Elas chegam, são um banquete para pássaros e animais e alguns humanos corajosos (aparentemente têm gosto de camarão), e depois desaparecem. Elas não machucam ninguém, mas servem como um lembrete da passagem do tempo.

À medida que surgiu a Ninhada X de 2021, pensei em como era minha vida dezessete anos atrás e no que aconteceu desde então. Muita coisa... A casa foi construída e minha família e eu nos mudamos. Aprendi a frase "casa nova, bebê novo" e aos 44 anos tive minha terceira filha. Escrevi o livro *Organic Manifest* [Manifesto orgânico, em tradução livre]. Me tornei CEO. Minha mãe morreu. Maya se casou. Eu me divorciei. Escrevi um livro de receitas chamado *Scratch* [Cozinhando do zero, em tradução livre] testando todas as receitas em minha gloriosa cozinha. Mandei Eve para a faculdade. Fui para a Austrália duas vezes. Me tornei autora de livros infantis (mais sobre isso adiante) e avó. Vendi o negócio da família. Adicionei um escritório à casa para escrever e criar. Sobrevivi a uma pandemia (até agora). Ufa. Todas essas grandes coisas aconteceram enquanto a Ninhada X fazia tudo o que as cigarras fazem no subsolo, na escuridão, vivendo no próprio tempo.

Em 2021, um grupo de quinze voluntários concordou em passar quarenta dias e quarenta noites numa caverna subterrânea na França, sem qualquer tecnologia ou dispositivo de medição do tempo. O projeto Deep Time, assim nomeado pelo patrocinador, o French Human Adaptation Institute, foi empreendido para compreender melhor os ritmos naturais das pessoas. Quando o experimento acabou, muitos dos voluntários tinham avaliado muito mal a passagem do tempo. Alguns sentiram que apenas 23 dias se passaram. Outros acharam que foram 31 dias. O mecanismo que permite às cigarras viverem no subsolo durante dezessete anos e emergirem juntas ao mesmo tempo é uma espécie de magia misteriosa, ainda à espera da nossa compreensão. Tem a ver com os polos magnéticos? Com a lua? Com algum código genético? Com algum relógio interno embutido em seus corpos? Talvez não sejam insetos individuais, e sim organismos menores em um organismo de "ninhada" maior?

Aqui está o que sei por observação: nas áreas onde mexemos no terreno para construir nossa casa há dezessete anos, não encontrei nenhum buraco de onde emergiram as cigarras em 2021. O zumbido implacável do canto emanava da floresta, não do meu jardim ou quintal. Vi cigarras voando em meu jardim em busca de novos lugares para encontrar o amor verdadeiro. Não tantas como havia há dezessete anos, mas o suficiente para saber que há esperança... exceto para a pobre cigarra comida pela minha gata (que vomitou logo em seguida).

Uma nova geração de cigarras surgirá em 2038. Se eu ainda estiver viva, terei 76 anos. Quem sabe o que acontecerá até lá? Nós, humanos, somos uma espécie estranha, muitas vezes imaginando o pior. Filmes distópicos de ficção científica criam futuros de escuridão e devastação, superados por robôs que parecem insetos e vilões malvados gigantescos. O filme *Blade Runner*, lançado em 1982, ano do nascimento da minha primeira filha, se passa em Los Angeles em 2019 e imagina a cidade escura, com chuvas constantes e aparentemente invadida por carros voadores. (O tempo não é gentil com alguns filmes.) *Matrix*, lançado em 1999, com sua famosa cena da pílula vermelha/pílula azul, imagina um futuro no qual máquinas que se parecem com insetos caçam humanos para obter energia. Ambas as realidades são sombrias e ambos os filmes são repletos de tiroteios em câmera lenta, combates corpo a corpo e momentos de vida ou morte com cenários ridícula e intencionalmente assustadores. Não entendo por que as pessoas gostam de assistir a esse tipo de coisa, mas provavelmente sou minoria.

Talvez em 2038 estejamos todos mortos devido à aniquilação nuclear, às mudanças climáticas, às doenças ou a alguma catástrofe ambiental tóxica. Ou talvez os humanos ainda estejam aqui, vivendo a vida dia após dia, fazendo as coisas que nós, humanos, sempre fazemos — comer, transar, ter filhos, ir à escola, trabalhar, festejar, curtir nossas famílias, fazer compras, assistir a programas em qualquer tecnologia que será inventada para nos entreter e distrair. Viver. Morrer.

Muito provavelmente a vida em 2038 será uma mistura de algo bom e ruim. Afinal, a Los Angeles do mundo real em 2019 ainda estava ensolarada e semifuncional, mesmo sendo invadida por carros

— embora nenhum deles voasse. Gosto de pensar que somos uma espécie muito criativa, sempre apresentando novas soluções na hora certa. Talvez em 2038 possamos incorporar a nossa nova compreensão de como funciona o ciclo do carbono na maneira como cultivamos os alimentos e gerimos o ambiente. Talvez tenhamos abandonado os combustíveis fósseis e reconstruído as comunidades em torno da qualidade de vida, em vez dos carros. Com sorte teremos encontrado um novo jeito de viajar de um lugar para outro que não envolva pneus de carro. Talvez tenhamos encontrado a coragem para construir um novo sistema financeiro que imite os ciclos da natureza — nascimento, crescimento, morte e renascimento —, em vez da exaustiva e insustentável expectativa de crescimento constante e perpétuo. Talvez aprendamos a respeitar e honrar a diversidade de todos os tipos, em vez de difamá-la e temê-la.

Talvez consideremos a cigarra.

Ela não incomoda ninguém. Não morde. Causa apenas pequenos danos às árvores em que põe seus ovos. É chamado de "sinalização" — a ponta de um galho cai e morre depois que a cigarra insere seus ovos nele. Não é grande coisa para as árvores. É mais como uma poda suave. Ao se olhar para uma cigarra, vemos beleza, sorte, felicidade. As cigarras são ao mesmo tempo fugazes e constantes — visíveis para nós apenas algumas semanas a cada dezessete anos e, quando estão seguras no subsolo, cuidando da própria vida.

Mas, sendo a mulher intrometida e curiosa que sou, resolvi lhes fazer uma visita para ver o que acontece lá embaixo...

No dia da minha jornada, fazia uma linda manhã de neve. Decidi usar meus bastões australianos para despertar os ânimos em vez de meu tambor. Percebi que estava começando a me sentir muito menos inibida em abrir um espaço sagrado. Desde a minha jornada com o clima, tenho usado meu corpo com mais liberdade — sim, dançando. Foi tão bom mover meu corpo da maneira que escolhi para pedir proteção e orientação. Eu estava me movendo por mim. Ninguém mais.

Depois de abrir o espaço sagrado, deitei-me e dei o play no aplicativo de tambores, pedindo à cigarra que me ajudasse a entendê-la.

Entrei na minha árvore. Um barulho saiu de mim, parecendo o chamado de uma cigarra. Durou cerca de um minuto — uma respiração. Saltei no abismo. Estava escuro. Muito escuro. "Dã", pensei, "estou no subterrâneo com as cigarras". Claro que está escuro. Senti atividade ao meu redor, cigarras filhotes cuidando de si mesmas, despreocupadas. Então ouvi uma voz (na minha cabeça): "O tempo é uma ilusão. Precisamos da escuridão para crescer." Soube na hora que Cigarra não estava falando apenas sobre a escuridão sem luz, mas sobre as provações e tribulações que nós, humanos, experimentamos na vida.

— A escuridão subterrânea é o nosso Mundo Médio. Seu Mundo Médio é nosso Mundo Superior.

Senti uma lei universal de escala — que vivenciamos a vida como escalas dentro de escalas com base em nosso tamanho e perspectiva.

Eu me senti "subindo para a luz", e a sensação foi como descrições que li de experiências de quase morte. Mas comecei a me sentir muito, muito quente. Tão quente que tive que sair do cobertor. Eu estava fazendo a transição do frescor do solo para o calor do sol do verão. Estava na natureza voando de alegria. Foi como nascer.

> *Seu mundo é nosso paraíso, nossa recompensa. Nós celebramos. Encontramos o amor. Acasalamos. Morremos para que possamos renascer em nossos filhos. Mas todos nós precisamos da escuridão para crescer. Existem muitos tipos de escuridão:*
> *Falta de luz*
> *Falta de conhecimento*
> *Falta de sabedoria*
> *Falta de amor*

Seu trabalho é crescer da escuridão para a luz, do ignorante para o conhecedor e sábio, do ódio e do medo para o amor.
Tudo faz parte da dança da vida!

Fiz o chamado de acasalamento de uma cigarra (embora sejam apenas os machos que o façam). Eu me senti voando e acasalando. Assisti a meu companheiro cair para a morte. Me senti cheia de ovos. Eu os coloquei num galho, minha parte inferior do corpo alternadamente abrindo o galho e enfiando os ovos. Ao cair para a morte, fui arrebatada por um pássaro. Poderia ter sido um abutre, porque de repente eu estava com um abutre e perguntei se ele queria que eu viajasse até ele — dessa vez sem medo. Ele confirmou com a cabeça.

Voltei à Cigarra para agradecer e perguntar se tinha alguma mensagem para mim.

— O tempo é uma ilusão. Todos nós precisamos da escuridão para crescer — repetiu.

O tempo é uma ilusão? Sim, de acordo com muitos físicos. Einstein disse que o tempo é relativo. Outros criaram todo tipo de teorias, desde a existência de múltiplas dimensões acontecendo simultaneamente até a fabricação do tempo dentro de nosso cérebro. Mas ninguém sabe ao certo.

Há muita coisa que não sabemos. Por exemplo, os cientistas acreditam que o universo é composto principalmente por uma substância desconhecida e não reativa chamada matéria escura. O que é isso? Ninguém sabe. É um mistério! (Meu palpite é que seja amor.)

Neste ponto, eu deveria dizer que acredito no valor da ciência e da medicina moderna. Tomei a vacina contra a covid-19 e as doses de reforço. Mas, como leitora ávida de histórias e de notícias científicas e médicas atuais, sei que a ciência e a medicina são falíveis. Ambas são um processo contínuo de experimentação, tentativa e erro, abundantes de emoções humanas de dúvida, ridículo, ceticismo, subterfúgio e competição. Não teríamos chegado tão longe (presumindo que o tempo é pelo menos parcialmente real) sem os pioneiros, exploradores, investigadores e viajantes para traçar novos caminhos e descobrir coisas novas.

Trabalhei durante alguns anos no conselho de administração de um importante hospital sem fins lucrativos, o que me deu uma compreensão de como funciona o sistema de saúde. E minha carreira em publicações sobre saúde me ensinou como funciona a publicidade, especialmente a farmacêutica. Por causa dessas experiências, entendo por que a confiança de muitas pessoas na ciência e na medicina foi quebrada. Também vi como o financiamento distorceu a investigação científica em benefício do financiador, seja ele uma empresa química, de tabaco ou de açúcar (ou um partido político). Esse tipo de peripécia acontece em todo o mundo, independentemente do sistema político ou econômico. A atual falta de confiança da nossa sociedade em todos os nossos sistemas — científico, médico e político — decorre dos danos causados por ganância, ego e desejo de poder e dominação que nunca serão satisfeitos. É a família Sackler que encontra novas formas de vender opiáceos para aumentar lucros e poder colocar os próprios nomes em museus. É Rupert Murdoch e seu filho tentando derrubar a democracia, criando um império de indignação alimentado por notícias falsas, daí eles não precisam pagar impostos. É Vladimir Putin invadindo a Ucrânia para satisfazer a própria agenda pessoal de (falsa) supremacia russa e para defender uma ideia imaginária de "valores familiares" que ele próprio não pratica. São os humanos. Os malditos humanos.

Nós somos a fonte de toda a miséria. Mas também podemos ser a fonte da verdadeira cura. Precisamos da escuridão para crescer, certo? Para nos forçar a encontrar a luz — a luz do conhecimento, da sabedoria e do amor. Isso me lembrou do símbolo do yin-yang: preto e branco, negativo e positivo, esquerda e direita. O que me traz à mente um ensaio universitário em que comparei a esquerda e a direita na política ao cérebro humano. Precisamos dos dois lados do cérebro, esquerdo *e* direito, para formar um cérebro inteiro. Precisamos da escuridão *e* da luz para sobreviver e crescer. Precisamos do negativo para nos impulsionar em direção ao positivo.

A escuridão é real. Precisamos dela para crescer. Mas a luz também é real. Tudo o que qualquer um de nós pode fazer é se esforçar para aprender, crescer, construir a confiança daqueles que nos rodeiam e viver cada dia no momento presente. E, claro, confiar na magia...

Durante as edições finais deste livro, eu estava procurando um artigo que me lembrei de ter lido on-line na *Emergence Magazine* para verificar os fatos de algo em outro capítulo. O primeiro artigo que apareceu se chamava "Perseguindo cigarras" e, por incrível que pareça, foi escrito pela melhor amiga de Maya do colégio, Anisa George. Ao ler esse texto incrível, tamanha beleza e coragem me fizeram chorar. Contudo, essa não foi a parte mais estranha. Nunca havia pesquisado o nome em latim da cigarra da Ninhada X e, pelo artigo, descobri que o gênero é *Magicicada*. MÁGI-cigarra! Anisa me informou que se pronuncia magi-cicada e deriva de *magi*, que significa rei. Continuo achando curioso, estranho e mágico. Eu simplesmente amo esse universo incrível.

Aconteça o que acontecer entre agora e 2038, é quase certo que a *Magicicada* vai emergir novamente. E me sentirei muito feliz se estiver lá para cumprimentá-las.

Obrigada, Cigarra.

Marmota

Não há problema em ser normal.
Tudo é normal.

JORNADA: 27 DE JANEIRO DE 2022

Ah, marmotas, vocês são uma parte tão interessante da vida de um jardineiro — ainda mais na de uma jardineira da Pensilvânia. Afinal, somos o lar de Phil de Punxsutawney, a marmota do filme *Feitiço do tempo* que desempenha um papel central nas celebrações do dia 2 de fevereiro: determinar quanto tempo durará o inverno. Um grupo de dignitários locais conhecido como Círculo Interno se prepara para o dia separando dois pergaminhos diferentes com resultados distintos. Na madrugada de 2 de fevereiro, eles acordam a marmota em Gobbler's Knob, e o roedor fala com o presidente do Círculo Interno em "marmotês", contando se viu ou não sua própria sombra, o que, no filme, é o que indica a duração do inverno. Os homens do Círculo Interno vestem sobretudos pretos e usam cartolas, mas só o presidente consegue entender a marmota, que ainda está um pouco desorientada por ter passado alguns meses no escuro dormindo, sem comer nem beber nada. O pergaminho com a resposta é lido em voz alta para milhares de "Pheguidores de Phé de Phil" — muitos dos quais passaram a noite acordados bebendo e esperando no frio para descobrir o que a marmota dirá. "Ele viu ou não viu?", é o que todo mundo quer saber.

É, não sou a única esquisita que fala com animais. Pelo menos na Pensilvânia.

As marmotas podem ser um incômodo porque são vorazes e adoram comer vegetais, além de serem grandes escavadoras. Quanto mais me aprofundo na história desses animais, mais eu volto no tempo, descobrindo que eles mostram como viajamos *através* do tempo (mesmo que seja uma ilusão), recolhendo pedaços de cultura ao longo do caminho.

Vamos começar com 2 de fevereiro, o Dia da Marmota. Por que 2 de fevereiro? Pois bem, esse é o dia em que os cristãos celebram o Dia da Candelária, feriado que comemora a apresentação de Jesus ao Templo e a purificação de Maria. De acordo com a Bíblia (Levítico, 12), 33 dias após dar à luz, a mulher deveria ir ao templo para ser purificada, oferecendo um sacrifício de cordeiro queimado e um pequeno pombo ou pomba como oferenda pelo pecado e assim ser limpa do sangramento pós-parto. Quando Jesus nasceu, Maria o levou ao templo (Lucas, 2:22) e ofereceu um par de rolinhas ou pombos (não apresentar um cordeiro significava não ter condições de comprá-lo ou que não era mais necessário — os tempos mudam).

Mas por que celebramos a Candelária no dia 2 de fevereiro e o que a marmota tem a ver com isso? Essa é a mesma data da celebração pagã chamada Imbolc, que significa "na barriga" e se refere a quando os animais engravidam na primavera. O Imbolc se originou como um festival celta para marcar o ponto médio da temporada entre o solstício de inverno e o equinócio da primavera. Também era comemorado como o Dia de Santa Brígida. Antes de ser santificada, Brígida era uma deusa pagã conhecida pela generosidade, e seu dia anunciava a chegada da primavera e envolvia adivinhação do clima, conforme descrito numa antiga rima britânica:

> *If Candlemas day be fair and bright,*
> *Winter will have another flight.*
> *If Candlemas day be shower and rain,*
> *Winter is gone and will not come again.*[6]

---

[6] Em tradução livre: *Se o dia da Candelária for justo e luminoso, / O inverno retornará. / Se o dia da Candelária for molhado e chuvoso, / O inverno se foi e não voltará.* (N. da T.)

Os alemães, originalmente pagãos (como eram todas as pessoas na Europa antes do advento das religiões abraâmicas), usaram pela primeira vez um urso para ajudar a prever o clima, porque é mais ou menos nessa época que os ursos saem da hibernação. Quando eles se tornaram muito difíceis de encontrar, foram usados texugos e depois ouriços. Em seguida veio a Igreja Católica, que transformou essas celebrações pagãs em cristãs.

Enfim, eu continuo pesquisando. Como esse ritual pagão da marmota chegou aos Estados Unidos?

Você pode culpar a prensa. Graças à invenção da prensa[7] nos anos 1400, que permitiu às pessoas ler e interpretar a Bíblia por si mesmas, a Igreja Católica, temendo perder a autoridade total da tradução da Bíblia para as massas, reagiu assassinando quem protestava, os chamados "protestantes". É por *isso* que tantos protestantes imigraram para a América do Norte — para encontrarem liberdade religiosa da Igreja Católica, da Igreja da Inglaterra e de todas as lutas entre elas.[8] Juntamente com as crenças religiosas, os novos imigrantes trouxeram as tradições pagãs. Os imigrantes protestantes luteranos alemães se estabeleceram aqui na Pensilvânia e são conhecidos como "holandeses da Pensilvânia" — no original, *Pennsylvania Dutch*, que deriva da palavra alemã *Deitsch*.

Essa enorme migração em busca da liberdade religiosa também incluiu os peregrinos (que eram puritanos), os morávios, os amish, os quakers, os menonitas e também os judeus (o outro lado da minha família). Quando entraram num barco e navegaram para uma terra desconhecida com sementes de dente-de-leão nos bolsos, eles procuravam um lugar seguro para adorar a Deus sem serem assassinados *por outros cristãos*. Infelizmente, esses mesmos colonizadores europeus fizeram muitas coisas ruins em sua busca pela liberdade.

---

[7] Com cada grande introdução de novas tecnologias, a ordem social existente é perturbada — da prensa ao automóvel, da televisão à internet.
[8] Foi para se protegerem de uma brutal violência entre os próprios cristãos que os chamados Pais Fundadores dos Estados Unidos separaram a Igreja e o Estado.

Tentaram exterminar as populações nativas. Escravizaram pessoas e as trouxeram para fazer os trabalhos mais difíceis e perigosos. Se apropriaram das terras alheias. Cada onda sucessiva de imigrantes na América do Norte lutou entre si e contra cada novo grupo que surgiu em busca da mesma oportunidade, da mesma liberdade. Mas, no lento processo de integração, essa mistura diversificada de povos trouxe muitas tradições de seus países de origem para essa nova vida — e hoje muitas vezes as consideramos naturais.

É aí que entra a marmota.

Como não existe porco-espinho na Pensilvânia — ou em qualquer outro lugar da América do Norte (exceto talvez em zoológicos ou como animais de estimação), as marmotas foram as escolhidas para ajudar na celebração do dia de Santa Brígida, do Imbolc e da Candelária.

Groundhog Lodges (*Grundsow Lodsch*) é como ficaram conhecidos os grupos de homens que se reuniam nos Estados Unidos com o objetivo de preservar a língua, a cultura e o estranho senso de humor que acomete os holandeses da Pensilvânia, mas tanto os homens quanto as mulheres eram os "xamãs" dessa cultura. Eles se apropriaram culturalmente da palavra *powwow* da língua algonquina, porque acreditavam que se referia ao mesmo tipo de trabalho de cura envolvendo transes, sonhos e adivinhação que realizavam em seu antigo país. Embora o trabalho de cura estivesse enraizado na fé cristã luterana, suas origens remontam às curandeiras (que foram demonizadas pela igreja como "bruxas").

As raízes pré-cristãs/pagãs da cultura germânica ainda podem ser vistas hoje: sinais hexagonais em celeiros e bolas com superfícies espelhadas em jardins. Eu sempre os vi por toda a Pensilvânia, e agora entendo. Aparentemente, eles afastam energias negativas e atraem sorte.

Eu planejava esperar até 2 de fevereiro para fazer a jornada que me levaria a conversar com a marmota. Entretanto, no dia 27 de janeiro, a vontade bateu forte e eu estava pronta. Pedi um sinal à marmota e comecei minha meditação matinal. Imediatamente, uma grande marmota apareceu para mim, e era engraçada! Estava se debatendo como se estivesse exasperada por me esperar. Ela tamborilou os dedos no chão. Revirou os olhos, respirou fundo e cruzou os braços. Tudo bem, estou indo! Mas eu ainda precisava terminar minha meditação (vinte minutos com cronômetro) e abrir o espaço sagrado.

Assim que me deitei e coloquei o tambor para tocar, a marmota já estava ali, na toca. Havia luzes piscando atrás dos meus olhos junto com a batida do tambor, o que era um pouco estranho (como se fosse um filme antigo).

— Nossa, por que demorou tanto? Estou impaciente e *rutchy*. [*Rutchy* é uma palavra usada pelos holandeses da Pensilvânia e significa agitado, nervoso e irritante.] Você me acordou cedo. Estou morrendo de fome. Mal posso esperar para comer coisas verdes e frescas.

(Infelizmente para ela, ainda havia neve no chão.)

Entreguei-lhe algumas cenouras, que ela comeu com prazer. Então começou a voltar a dormir.

— Espere! Qual é o seu propósito? — perguntei.

— Não precisamos de propósito. Por que tudo precisa ter um propósito? Nós comemos. Dormimos. Saímos com a família. É isso que importa. Nem todo mundo precisa salvar o mundo. Não há problema em ser normal. A maioria das pessoas só quer ser normal.

Sua linguagem e jeito de falar me confundiam, porque pareciam beligerantes e desdenhosos. Talvez meio "holandês da Pensilvânia". A maioria dos outros seres que falaram comigo durante as jornadas era articulada e perspicaz. Suspeitei que a marmota estivesse atuando, só que não tinha certeza do porquê e do que viria a seguir.

O que veio a seguir foi um pouco como uma versão animada de Robin Williams interpretando a marmota imitando humanos. Ela colocou óculos de aro metálico e enfiou um cachimbo na boca.

— Algumas pessoas se acham muito importantes, mas não são. — Marmota colocou a cartola e o sobretudo preto, como os caras do Phil de Punxsutawney. — Algumas parecem ridículas, e são.

Marmota colocou um sutiã vermelho sexy e fez uma pose sugestiva, com a barriga marrom e peluda pendurada sobre uma minúscula calcinha vermelha.

— Algumas pessoas pensam que o sexo as deixará felizes, mas não deixa.

— O que é normal?

— Tudo é normal.

Agora Marmota falava como se fosse de Nova Jersey.

— Olha, temos os gays aqui, os transgêneros. Tudo é normal. Parem de se preocupar tanto com tudo. Vocês se preocupam demais. Apenas vivam dentro das possibilidades. Você só deve se preocupar com: comer, dormir e quem entra em sua toca. Ah, e bons momentos aqui e ali. — Ela colocou uma máscara de Groucho Marx e agora estava com um charuto na boca. — Se entende o que quero dizer... Hubba-hubba!

Nesse momento, eu não estava exatamente gargalhando, mas fiquei impressionada, entretida e admirada com aquela habilidade de atuação. Então, Marmota fez uma pose de meditação muito séria, mas abriu um olho para ver se eu estava observando. Marmota estava caçoando de mim!

— Vocês precisam parar de se levar tão a sério. É entediante — disse secamente.

Então, o tambor me chamou de volta. Tentei lhe dar um abraço de despedida, mas ela recuou, horrorizada.

— Não me toque! — gritou, como se eu tivesse piolhos.

Eu ri, agradeci e fui embora.

Uma hora depois, eu ainda estava rindo.

A propósito, nunca tive problemas com marmotas no meu jardim. Elas moram no meu quintal, num enorme complexo rochoso que parece um condomínio de marmotas. É engraçado na primavera quando os filhotes saem. Se você passar por eles, eles congelam como se quisessem se tornar invisíveis. Se parar o carro e abrir a janela, ficarão parados como estátuas até você ficar entediado e seguir em frente.

Mas conheço pessoas que sofrem com marmotas em seus jardins e suspeito que a solução seja a mesma que a dos coelhos: canteiros altos e cercas metálicas. Muitos predadores e muitos espaços selvagens para conseguirem comida. Elas preferem comer "ervas daninhas", como dente-de-leão e trevo, e é por isso que muitas vezes as vejo mastigando, felizes, pelo meu gramado.

Algumas pessoas as caçam e comem, mas não com tanta frequência (embora originalmente Punxsutawney também fizesse uma caça à marmota em setembro, que culminava em muita torta de marmota). Uma das maiores batalhas na seção de cartas na história das revistas começou depois que alguém escreveu para a *Organic Gardening Magazine* recomendando que os jardineiros caçassem e comessem marmotas para evitar que elas roubassem comida do jardineiro (acho que tinha até uma receita de ensopado). As coisas entre os amantes dos animais e os vegetarianos *versus* os caçadores práticos e carnívoros e os jardineiros sérios esquentaram. Felizmente, ninguém se machucou. Exceto talvez uma marmota que foi atropelada enquanto tentava atravessar a rua. Caramba, gente, relaxa. Se você vai fazer jardinagem, proteja seu espaço. Aliás, respeite também o espaço dos outros, deixe-os praticarem as próprias crenças — inclusive as alimentares.

Tudo é normal.

E não há problema em ser normal.

Assim como também não há problema em não *se sentir* normal. Isso é normal!

Obrigada, Marmota.

Asclépia

Estamos todos conectados pelo fio do amor.

JORNADA: 28 DE JANEIRO DE 2022

Imagine um dia de junho perfeito na Pensilvânia. Minha época favorita do ano. O sol brilha tão forte que todas as plantas e árvores chegam a cintilar. Faltam alguns dias para o solstício e a seiva ainda está subindo nas plantas. As abelhas e libélulas se deleitam com o néctar da natureza. Posso sentir a canção e o zumbido da vida no auge. Nado suavemente em minha piscina, o brilho turquesa da água é um dos meus maiores prazeres. Chego ao outro lado da piscina e descanso na borda, apreciando a beleza do verão. Lá, florescendo como fogos de artifício diante de mim, está a asclépia. Posso sentir sua fragrância inebriante. Eu não a plantei, ela simplesmente cresceu ali ao lado da piscina. Se eu fosse o designer da natureza, não poderia projetar uma flor de verão mais linda — as mais sutis e ricas flores cor-de-rosa em grandes bolas que saltam com a brisa e elegantes folhas verdes e grossas que ficam retas e complementam as flores com perfeição. Você acredita que uma vez a considerei uma erva daninha nociva?

Sim, devo desculpas à asclépia.

Escrevi meu primeiro livro — um livro de jardinagem — há mais de vinte anos (1997). Foi um exercício para manter minha sanidade enquanto passava por momentos pessoalmente desafiadores. Mas também o escrevi para mostrar que hortas orgânicas podem ser lindas, porque naquela época o *orgânico* tinha fama de ser, digamos assim, mais focado no *funcional*. Sempre adorei criar paisagens e jardins, mas há tanto para aprender que mesmo os melhores e mais antigos jardineiros do universo não sabem nem metade do que existe. Naquela época, eu não tinha um relacionamento pessoal com Asclépia e ninguém parecia estar muito preocupado com as borboletas-monarcas. Elas não estavam no meu radar. Meu conhecimento de jardinagem veio da leitura de livros antigos, revistas, jornais e conversas com agricultores, outros jardineiros e paisagistas. Naquela época, todos os agricultores concordavam que a asclépia era uma erva daninha nociva. A *pior de todas*. Essa foi a razão para eu ter registrado isso no meu livro de jardinagem, onde permanece até hoje. (Felizmente, esgotado. Mas foi um trabalho de amor e ainda está disponível na Amazon, aliás.)

Nunca esquecerei a primeira vez que vi a asclépia na vida real. Já mencionei que sou como um porco quando o assunto é planta? Sempre farejando em busca de novas plantas para colocar no meu jardim?

Eu estava no Rodale Institute e havia um pequeno canteiro cheio de plantas altas e elegantes com muitas flores cor-de-rosa, grandes e redondas. Era lindo.

— O que é isso?! — perguntei à jardineira.

— Asclépia — respondeu ela.

— Eu pensei que a asclépia fosse uma erva daninha nociva.

— Ela é, para os agricultores.

Na verdade, naquela época um agricultor poderia ser multado em até 100 mil dólares se deixasse a planta crescer em seus campos.

Também não era possível comprar asclépia no viveiro local, então não pensei mais nisso.

Avancemos para a década de 2010. Todo mundo está falando sobre o declínio das borboletas-monarcas. Eu não sabia que a asclépia era a única planta que as lagartas-monarca comiam e a única planta na qual as borboletas-monarcas põem ovos. Eu estava trabalhando no meu novo jardim e não me lembro de como isso aconteceu, mas lá estava. Sei que não a plantei. Não sei por que não a eliminei antes disso. Em retrospecto, talvez fosse porque a asclépia é uma daquelas plantas que não parece erva daninha quando surge. Normalmente deixo plantas como essas crescerem para ver o que se tornam.

E virou... a asclépia!

Fiquei muito feliz, porque nunca tinha visto uma borboleta-monarca no meu jardim, e isso me preocupava. Deixei a asclépia crescer à vontade. Ela era do tipo comum, *Asclepias syriaca*.

Nada de borboletas-monarcas.

No ano seguinte, deixei-a crescer novamente. Ela se espalhou.

Nada de borboletas-monarcas.

No ano seguinte, deixei-a crescer novamente. Ela se espalhou um pouco mais.

Nada de borboletas-monarcas.

Eu estava começando a perder a esperança. Mas aprendi a amar a asclépia. Amei ainda mais o perfume e a linda flor. Embora continuasse a se espalhar, apreciei a beleza natural que trouxe ao meu jardim. No final do verão, gostei de observar o pólen de asclépia flutuando para encontrar ainda mais lugares para crescer.

Então, no quinto verão, aconteceu. Eu vi uma borboleta-monarca!

Uma lagarta até construiu sua crisálida nas costas da minha cadeira perto da fogueira, bem onde eu não deixaria de vê-la. Parecia um presente de agradecimento do melhor tipo.

Todo verão agora vejo pelo menos cinco. Gosto de pensar que o boato da probóscide (esse é o nome da boca de uma borboleta-monarca) espalhou a notícia de que minha casa é um bom lugar. Muita asclépia para criar filhotes e flores para beber néctar depois. E também não há produtos químicos.

Em outubro de 2020, eu estava contando a um amigo visitante sobre a asclépia e as borboletas e como, a cada verão, a última geração delas (há quatro gerações) voa até o México para passar o inverno. Então, olhamos para cima e vimos uma voando um pouco erraticamente acima de nós, como se dissesse "Esperem por mim! Estou indo também!".

— Você consegue! — gritei em encorajamento.

Você consegue!

Espero que tenha conseguido.

Uma das minhas primeiras jornadas xamânicas envolveu a borboleta-monarca. Quando eu estava em Esalen em 2014, alguém mencionou que elas passavam o inverno numa árvore no local (as populações da borboleta-monarca da Costa Oeste passam o inverno na Califórnia, não no México). Procurei e procurei e finalmente encontrei a árvore. É uma visão mágica e absurda de se ver, difícil de detectar, porque, quando elas estão penduradas numa árvore com as asas dobradas, parecem folhas castanhas. Uma vez que você descobre isso, realmente *vê*. É surpreendente.

Aqui está o que escrevi em meu diário sobre a jornada xamânica depois de ver a árvore das borboletas-monarcas:

> *Eu me transformei numa fada e voei para encontrá-las enquanto todas se reuniam na árvore. Havia milhares e milhares delas! Uma delas me levou para sobrevoar a paisagem e tudo que vi foram shoppings, concreto, bairros residenciais estéreis e fazendas sem ervas daninhas. Elas me disseram que, desde que a natureza se foi, não há nada para comerem ou onde colocar seus ovos. Elas estão com sede e disseram que todas juntas — geração após geração — têm "uma só mente".*

O que significa ter uma só mente? Naquela época, eu não tinha certeza. Algumas tradições espirituais exploraram a ideia de que a consciência existe fora de nós e que o nosso cérebro é observador e participante, e possivelmente também criador. Médicos como Larry Dossey e físicos como Bernardo Kastrup também exploraram esses conceitos. Eles postulam que a própria consciência é a união de todas as coisas. Se a consciência é o oceano, cada um de nós é onda. Se a consciência é o universo, cada um de nós é estrela. Honestamente, ainda não sei em que acreditar.

ASCLÉPIA

Mas depois daquele workshop e de aprender a realizar jornadas, tive certeza de que havia encontrado o caminho que queria percorrer. E cá estou eu, escrevendo este livro, que é um ápice, um florescimento e uma metamorfose de onde comecei. E você viajou comigo até aqui. Obrigada. Há mais uma jornada a fazer: até a asclépia.

Mergulhei na escuridão do buraco da minha árvore com a confiança do Soluço de *Como treinar o seu dragão*. Aterrissei num lindo prado de asclépia — as flores altas e lilases balançando na brisa suave, a fragrância enchendo minha alma de alegria.

Mãe Asclépia. Claro. Eu a conheci como *Mãe Asclépia*.

— Somos o amor tornado visível — disse ela.

De repente, eu estava girando, levantando do chão e me transformando numa borboleta-monarca. Bebi o doce néctar de asclépia. Coloquei um ovo na parte inferior de uma de suas folhas. Me tornei uma lagarta-monarca e comi suas deliciosas folhas crocantes. Depois saí para virar crisálida e me transformei em borboleta novamente. Sim, ela é a mãe!

Me tornei uma de suas sementes, que são penugens que flutuam no ar com uma parte plana na ponta. Naveguei para cima, para cima, para o espaço e depois para o Mundo Superior do arco-íris, onde uma dúzia de crianças espirituais risonhas pulava, brincava e tentava me pegar. Uma delas me agarrou e juntas navegamos de volta à Terra, onde fui plantada, cresci e dei abrigo à pequena criança espiritual enquanto ela esperava encontrar uma mãe. Quando uma mulher humana apareceu (uma mulher esbelta de cabelo castanho, com uma saia justa e um suéter de botão), o bebê espiritual pulou no colo dela. Vi um feto crescendo dentro da mulher até se tornar algo parecido com uma crisálida esperando para ser transformada. Quando a mãe deu à luz, o bebê espiritual se tornou o bebê real na primeira respiração da criança. Senti que isso aconteceu... como um pequeno... soluço!

— Somos todas mães — disse Asclépia.

Vi mães de mãos dadas ao redor do mundo, como as raízes da planta. Havia alguns homens lá também. Ela ouviu meu questionamento.

— Os homens também podem ser mães. Não fisicamente, mas em seus corações. Não é preciso dar à luz para cultivar e criar o futuro. Todos nós devemos nos tornar mães e pais de todas as crianças. A criação também é amor tornado visível.

Então eu a vi — uma Deusa com uma coroa semelhante a uma flor dourada de asclépia se ramificando ao redor da cabeça como um halo de fogos de artifício. Ela estava cercando o planeta inteiro com seu amor. Eu me senti puxada para o espaço a fim de me tornar uma esfera quente e brilhante. Enquanto observava a deusa de longe, vi borboletas luminosas saindo dela, todas conectadas por fios brancos e brilhantes de luz.

— Estamos todos conectados pelo fio do amor — disse ela.

Então, o tambor me chamou de volta.

Leitor, gostaria que você pudesse sentir o que senti naquele momento. Queria ter ficado mais tempo apenas para experimentar aqueles sentimentos. Contudo, eu precisava correr até o supermercado porque nevava e eu estava sem pão (quais são as chances?). Foi estranho embarcar numa tarefa tão mundana enquanto eu ainda me recuperava um pouco da jornada — tanto por ser tão linda quanto por não ser o que eu esperava. E essa foi a última jornada da lista que fiz para este livro.

Claro que ela é Mãe Asclépia. Como não vi isso antes? Talvez seja por isso que me sinto tão conectada a ela.

Por muitos anos, enquanto eu mantinha um blog, as pessoas me perguntavam quando eu iria escrever um livro sobre parentalidade. Confessei que nunca faria isso, já que ser mãe é como estar à beira do fracasso quase todos os dias — não importa a idade dos filhos. Mas fui inspirada a fazer uma lista chamada "O credo dos pais" para articular o que descobri ser a chave para criar filhos felizes e amados.

Porque acredito que fazer isso é uma das formas mais importantes de criarmos um futuro melhor. Aqui está:

O CREDO DOS PAIS

Somos todas mães. Somos todos pais. Somos todos responsáveis.
Todas as crianças são nossos filhos.

Nosso trabalho como pais é nutrir e ajudar os filhos a se tornarem quem eles realmente são, e não quem queremos que sejam.

Criaremos nossos filhos sem vergonha de seus corpos e de seus desejos naturais.

Protegeremos e de forma alguma prejudicaremos intencionalmente nossos filhos
— física, emocional ou espiritualmente
(embora ninguém seja perfeito).
Quando sentirmos que não conseguimos lidar com a situação, pediremos ajuda. Não há vergonha em pedir ajuda.

Ensinaremos nossos filhos a serem resilientes e independentes
— física, emocional e espiritualmente.
E a melhor maneira de fazer isso é nós, como pais, aprendermos a ser resilientes e independentes.
Vamos deixá-los cair e falhar repetidas vezes e encorajá-los quando voltarem a se levantar.

Ensinaremos nossos filhos a serem responsáveis, a cuidar dos outros, a serem gentis e generosos.

Encorajaremos e permitiremos que nossos filhos se casem por amor.

Ensinaremos aos nossos filhos que o sexo é uma parte saudável de um relacionamento amoroso

*e daremos um exemplo disso estando
e permanecendo nós mesmos em um relacionamento saudável.
Ou tendo a coragem de deixar um relacionamento doentio.*

*Não vamos esperar que os nossos filhos preencham o vazio
das nossas relações adultas nem substituiremos o seu amor
pelo amor maduro e adulto.*

*Encontraremos a coragem de reconhecer a dor que causamos aos nossos
filhos, demonstraremos o poder de pedir desculpas
e faremos as pazes quando possível.*

*Daremos aos nossos filhos a liberdade de explorar quem são
e o que querem das suas vidas, sem censura ou controle.*

*Amaremos nossos filhos, e todas as crianças, tão incondicionalmente
quanto pudermos, e sempre os receberemos em casa.*[9]

Durante a jornada com Asclépia, ver a criança espiritual procurando uma mãe e entrando no corpo do bebê enquanto ele respirava pela primeira vez me lembrou da minha história. Tive uma filha antes de me casar, quando tinha vinte anos. Eu *escolhi* não abortar o bebê. Sabia que meus pais ajudariam a mim e a minha filha se precisássemos, e também sabia que a criança tinha vindo até mim por um motivo. Fiquei muito feliz por ter escolhido tê-la. Fiz essa escolha sozinha. (Muitas pessoas queriam que eu fizesse um aborto, incluindo a minha mãe.) Ser mãe solo em 1982 não era fácil. O mundo era voltado quase exclusivamente para os homens. As crianças eram vistas como um incômodo necessário e de responsabilidade das mulheres — de preferência fora da vista dos outros. No entanto, como mãe solo, cabia a mim sustentar minha filha, e isso se tornou a minha

---

[9] Sei que alguns pais não vão concordar com todos os pontos desse credo. Depois de criar três filhas em três décadas distintas (da MTV à Hannah Montana e então ao Snapchat), me sinto confiante para compartilhar o que funcionou para mim.

motivação para trabalhar e ter sucesso. (Todas as outras mulheres bem-sucedidas nos negócios que conheci naquela época também eram mães solo.)

As coisas mudaram desde então. MUITO. Mas também não mudaram. Criar os filhos ainda é principalmente um fardo da mulher. E um fardo difícil. Tornar-me mãe solo tão jovem e num momento tão crucial para as mulheres me ensinou muito. A coisa mais importante que aprendi foi que o amor é a coisa *essencial*. Não importava o que as pessoas diziam pelas minhas costas ou fofocavam sobre mim no trabalho. Não importava o que os amigos da minha mãe pensavam e diziam. Não importava o que eu vestia ou quanto eu pesava. Não importava o que minha filha levava de lanche para a escola (sardinhas e salgadinhos eram os favoritos). O que importava era a relação pessoal de amor e compreensão que criei com ela, que agora é uma mulher adulta e tem duas filhas incríveis.

Pais também são muito importantes, só que às vezes não estão presentes. Outras vezes, até estão, mas não de verdade. Tanto as mães quanto os pais desempenham um papel essencial na criação de filhos felizes e saudáveis, e é por isso que precisamos aprender como fazer isso a fim de obtermos o melhor resultado para os nossos filhos. É por isso que o chamo de "O credo dos pais", em vez de "O credo da mãe" (que era o título original).

Há algo no debate "pró-vida" e "pró-escolha" sobre o aborto que me lembra meu encontro com Artemísia. Em ambos os lados, as pessoas dão murro em ponta de faca repetidamente. Como podemos mudar nossa perspectiva? Podemos olhar para a sexualidade, o amor e a maternidade com novos olhos, abertos para considerar diferentes caminhos a seguir? A vida é sagrada. *Toda* vida é sagrada. *A liberdade também*. Suspeito que, se colocarmos toda a nossa energia na busca de um novo caminho para seguir, poderemos encontrar uma forma melhor de cuidar dos bebês, das mães e de todas as pessoas — de maneira mais amorosa —, colocando em prática todos os ensinamentos da natureza e encontrando equilíbrio.

A natureza *precisa* que a gente aprenda a amar. Nossos filhos e os filhos deles *precisam* que a gente aprenda a amar. Já somos o amor tornado visível. Já estamos conectados pelos fios brilhantes do amor. Basta abrirmos os olhos para ver e, mais importante, abrirmos os nossos corações para *sentir*.

O que precisamos sentir?

Amor.

Natureza.

Magia.

Uma vez, quando eu estava plantando algo, acidentalmente desenterrei uma raiz subterrânea branca e gigante de uma asclépia. Era tão grossa e forte que não pude acreditar no que estava vendo. Era do tamanho de uma mangueira de jardim, mas de um branco puro. A asclépia se espalha a partir de uma planta-mãe (só aprendi isso depois da minha jornada), que envia estolhos dos quais brotam outras asclépias. Essa raiz subterrânea é como o nosso poder, o nosso fio de amor, a nossa ligação uns com os outros e com a Terra. Está lá, quer a vejamos, quer não. Sempre esteve. Cabe a nós aproveitá-lo e curar os nossos corações, porque é aí que a cura precisa começar. Podemos dar as mãos e criar uma força mais poderosa do que qualquer ódio. Seu coração. Meu coração. Nosso coração. Esse é o trabalho que temos que fazer juntos.

O fio que nos conecta não pode ser partido. Nós subimos e caímos juntos. Curar o coração humano é o que curará o planeta.

A natureza está esperando.

Obrigada, Mãe Asclépia.

O fungo entre nós

Cante para que o mundo exista.

JORNADA: 21 DE MAIO DE 2022

O manuscrito deste livro estava em edição final e liguei para Lisa para uma verificação de fatos de última hora. Ela me perguntou como eu estava.

— Tudo bem… mas acho que peguei alguma micose no jardim e não consigo me livrar dela.

Havia um círculo vermelho redondo do tamanho de uma moeda de cinco centavos na minha panturrilha. Fui ao dermatologista para descartar qualquer coisa mortal, e estava aplicando um creme antifúngico duas vezes ao dia. Só que o círculo vermelho não desaparecia.

— Maria, você não incluiu fungos em seu livro, incluiu? — perguntou Lisa.

Na verdade, no momento em que cliquei em enviar o primeiro rascunho ao meu editor, tive um instante de pânico porque não tinha incluído nenhum fungo, e eles são muito importantes para o sistema ecológico.

— Não! Pensei nisso, mas não consegui decidir em qual deles focar. São tantos.

Além disso, os fungos nunca me incomodaram de verdade — até agora.

— Bem, agora você tem sua resposta, não é? — disse Lisa, e tenho certeza de que ela estava com um sorriso no rosto do outro lado da ligação. — Vá falar com eles! E não se esqueça de pedir para a micose sair do seu corpo.

Ela parecia ter certeza de que a micose havia sido enviada como emissária para me fazer incluir os fungos no livro.

Me lembrei de que tinha chovido na noite anterior àquela ligação e, do lado de fora da janela ao lado da minha escrivaninha, pude ver que cerca de cinquenta cogumelos haviam surgido na grama. Sim, eles estavam tentando chamar minha atenção.

Há alguns anos, fiz uma jornada, pedindo permissão ao terreno para construir um anexo em minha casa, criando o espaço onde agora escrevo e viajo. Durante a jornada, todos os seres da natureza se sentaram em torno de uma mesa de conferências discutindo como eu iria homenageá-los com meu trabalho. Foi engraçado e fofo, e lembro de um pequeno cogumelo sentado ali, parecendo muito com os adoráveis cogumelos de *Magia estranha,* um subestimado filme de George Lucas.

Hoje é sábado, a manhã seguinte à minha ligação com Lisa. Vou fazer uma jornada para falar com o fungo da minha dermatofitose e com quem mais aparecer do reino dos fungos. O clima ainda é perfeito para o crescimento dos cogumelos — quente, nebuloso e úmido. O orvalho brilha ao sol da manhã.

Caminhei em direção à minha árvore. A terra parecia esponjosa. Antes que eu pudesse subir pela abertura, o chão me absorveu e eu afundei. Comecei a cantar uma canção de Natal.

Angels we have heard on high,
Sweetly singing o'er the plains,
And the mountains in reply,
Echoing their joyous strains
Glo-o-o-o-o-o-o-o-o-o-o-o-o-o-o-ria, in excelsis deo...[10]

---

[10] Em tradução livre: Anjos que ouvimos no alto, / Cantando docemente nas planícies, / E as montanhas em resposta, / Ecoando suas melodias alegres / Glo-o-o-o-o-o-o-o-o-o-o-o-o-o-o-ria, in excelsis deo... (N. da T.)

Chorei. Porque sempre choro quando canto, principalmente hinos. (A palavra francesa para isso é *chantepleure*. É uma coisa real.)

— Nós cantamos para o mundo existir — disseram os fungos.

Então, ouvi mais música. Outras vozes, não eu, cantavam aquela música de *Como o Grinch roubou o natal*, um especial de televisão de 1966. Aquele no qual os Quem na Quemlândia se dão as mãos e cantam "Falu, Falu, Falu…".

De repente, eu soube… Precisamos cantar! Cantar é o nosso poder de criar o mundo!

Então senti como se estivesse nadando no subsolo.

— Somos o oceano sob a superfície da Terra. Nos decompomos, nos conectamos, subimos brevemente para nos reproduzir, espalhamos nossos esporos e desaparecemos sob a Terra novamente.

Vi a nuvem de esporos se espalhando de um cogumelo acima do solo, exatamente como uma baleia ou um golfinho expele ar e água pelo respiradouro.

— Você também é um fungo — disseram.

Perguntei sobre minha micose.

— Pare de pensar tanto na morte. Você tem pensado muito sobre a morte. Você não está pronta para morrer. Precisa viver.

— Eu quero viver!

— Então cante!

Vi pessoas cantando hinos em igrejas (todos os tipos de igrejas). Vi shows de rock. Vi torcedores ingleses cantando em uníssono nos jogos de futebol. Vi indígenas cantando em volta das fogueiras.

— Cante para que o mundo exista.

Então, apareceu um cogumelo *Amanita*, o icônico cogumelo mágico — o de chapéu vermelho com bolinhas e caule branco.

— Você não precisa nos comer para conhecer nossa sabedoria.

— Qual é a sua sabedoria?

— Somos mágicos. Você é mágica. O universo é mágico.

Vi uma pessoa com esse cogumelo tatuado nas costas. Ela levantou os braços, que se transformaram em asas brancas e voaram para longe.

Pedi à micose que, por favor, saísse do meu corpo e senti que ela recuava. Então um ser de luz branca veio e varreu meu corpo.[11]

O tambor me chamou de volta.

Uau. Eita.

A verdade é que tenho pensado muito na morte. Acabei de completar sessenta anos, idade em que meu pai foi morto. Tenho estado obcecada por cuidar da minha casa para ter certeza de que está tudo em pleno funcionamento e atualizada "caso" algo aconteça comigo, ou com o mundo, ou para estar preparada para envelhecer. Não tenho medo da morte, mas estou sempre precavida (minhas filhas diriam que em excesso).

Parece uma tremenda mudança em minha vida. Há uma morte acontecendo — a morte de ser uma mãe com filhos em casa (o que faço há quarenta anos!). Até terminar o manuscrito de um livro é uma espécie de morte. Tenho consciência todos os dias de que estou nas últimas décadas da minha vida. É uma vida muito boa e estou me concentrando no que me mantém saudável e forte, e no que me traz alegria. Estou animada para me concentrar ainda mais no que preciso e no que gosto.

Agora sei que preciso passar mais tempo cantando!

Mas músicas de Natal?! É quase verão no hemisfério norte! Pesquisei essa música do especial de TV do Grinch e a letra da música é na verdade *"fahoo fores, dahoo dores"*. O que isso significa? Não tenho ideia e não há traduções óbvias, mas o nome da música é "Welcome Christmas". A mensagem importante dessa música e a história original do dr. Seuss mostram ao Grinch que o Natal não é para ganhar presentes ou comer animais assados. É sobre amor. Com isso, o coração do Grinch se expande, assim como o meu se expandiu

---

[11] Leitores, o círculo vermelho da micose na minha perna imediatamente começou a diminuir depois dessa jornada e uma semana depois havia desaparecido por completo. Eu ainda apliquei o creme antifúngico, por precaução.

enquanto escrevia este livro. (Espero que o seu também tenha se expandido enquanto você o lia.)

Acho que o cogumelo *Amanita* queria que eu falasse sobre o seu papel na criação do Natal. *Amanita muscaria* é um cogumelo alucinógeno usado pelo povo sami — o povo xamânico nórdico que pastoreia renas. Muitos acreditam que a origem da história do Papai Noel e suas renas voadoras vem dessa tribo e do que aprenderam ao ingerir esse cogumelo icônico. (Há um livrinho excelente sobre isso chamado *Santa Sold Shrooms*, de Tero Isokauppila.)

Não é engraçado e maravilhoso como nossas tradições estão misturadas? O Natal é o nascimento de Jesus *e* do Papai Noel. Todos os festivais de luzes que ocorrem ao redor do mundo na época mais escura do inverno falam do poder da luz para superar as trevas. Acenderei uma vela em qualquer igreja ou templo que me aceitar. Sou uma grande fã de Jesus e de todas as Marias — a Virgem, a Madalena e a Madonna Negra (e Branca). Também adoro o Papai Noel. Quanto mais velha fico, mais procuro compreender também as minhas raízes judaicas. Os judeus colocam pedras nos túmulos de seus entes queridos da mesma forma que pessoas ao longo da história colocaram pedras em pilhas nas montanhas e locais de peregrinação para homenagear o local. "As pedras representam orações", Lisa me explicou. "Elas estão localizadas em pontos de poder. Muitas vezes, as pessoas param para oferecer orações de respeito aos Espíritos do Lugar (e também aos Espíritos abrangentes), por uma passagem segura e, muitas vezes, simplesmente para expressar gratidão." Lisa diz que em Tuva eles são chamados de *oovahs*. E sim, isso rima.

Durante a jornada, percebi que, embora acima do solo pareçamos diferentes, estamos todos conectados no subsolo. De certa forma, todos os seres vivos são apenas variedades diferentes de uma espécie — nós emergimos (nascemos), vivemos e nos reproduzimos, depois morremos, nos decompomos e desaparecemos no subsolo novamente. Todos trabalhando juntos. Comemorando as mesmas coisas de maneiras únicas. Conectados. Tudo parte do mesmo oceano. Tudo parte da mesma magia. E nós também podemos cantar para que o mundo exista.

Obrigada, Micose. Obrigada, Fungo.

Sonhando um novo sonho

Quando comecei a escrever este livro, meu editor me perguntou: aonde esse livro vai levar? Como vai acabar? Não pude lhe dar uma resposta porque não sabia. Eu ia viajar para descobrir. Posso garantir que essa aventura me levou a lugares que nunca poderia ter imaginado antes. Estou profundamente grata e transformada para sempre.

O que aprendi? E para onde isso me levou?

Em primeiro lugar, entendo que tudo na natureza é intencional, senciente, inteligente e altamente consciente. Qualquer pessoa pode ouvir, escutar e compreender as vozes da natureza. Você só precisa estar disposto a se abrir para *ouvi-las*. A natureza *quer* que saibamos. Não queremos todos nos sentir vistos e ouvidos por quem somos? A Natureza também quer.

Em segundo lugar, não estou mais irritada! Depois do último ano de jornadas, quando chegou a primavera de 2022 (muito lentamente esse ano, o que foi um pouco chato), eu me senti diferente em relação ao meu jardim. Não se tratava mais de ter uma lista de "tarefas" que precisavam ser feitas, caso contrário eu me sentiria infeliz. Joguei minha tirania de organização pela janela. Pude relaxar e desfrutar de todas as plantas e animais que antes me incomodavam. A artemísia me deixa feliz onde quer que apareça, e peço permissão para colhê-la para adicionar a sopas ou buquês ou para defumar. (Até descobri que a artemísia é uma planta sagrada para os holandeses da Pensilvânia.) Eu a agradeço sempre por me guiar pelo caminho do amor. Posso apreciar os coelhos perseguindo uns aos outros no meu quintal (desde que eles não pulem nas minhas jardineiras elevadas). E estou muito mais confortável e aberta à selvageria que se insinua vindo da floresta para o meu jardim. Sou mais *gentil* e paciente ao podar e remover os restos do jardim, deixando a serapilheira do ano passado como cobertura morta, em vez de trazer cobertura morta de outro lugar. Quando vejo um inseto, é muito mais provável que eu o cumprimente com um alô, em vez de usar a sola do sapato. Na verdade, percebi que, por não ter limpado a folhagem sob minhas plantas perenes, ouvi grilos por mais de um mês antes da época de sempre. (Adoro grilos e nunca os comerei.) À medida que o verão ficava mais seco e quente, em vez de tentar consertar tudo, apenas observei e testemunhei as mudanças, anotando como *eu* preciso mudar para o próximo ano.

Agora, quando me encontro numa paisagem excessivamente organizada e carregada de produtos químicos, posso sentir a morte. Fica difícil até respirar.

Em terceiro lugar, estou mais convencida do que nunca de que a jornada xamânica é uma ferramenta poderosa — pelo menos para mim. Estou convencida desde uma experiência que tive em 2013 e que mantive em segredo até agora. Aqueles foram os meus primeiros dias de jornada — e, durante uma delas, recebi a mensagem para escrever livros infantis. Me disseram o pseudônimo que deveria usar neles. Fiquei muito entusiasmada com a mensagem, pois já tinha vontade de lançar livros infantis. Eu estava convencida de que a verdadeira saúde e felicidade começam na infância e podem ser sintetizadas pelo amor que uma criança sente quando está sentada no colo dos pais e ouvindo histórias. Os pais também podem aprender ao ler para os filhos. Os livros da Rodale Kids foram lançados em 2017. Dois deles eram meus, lançados sob meu pseudônimo secreto. Sim, sou a sra. Peanuckle, o nome que me foi dado durante uma jornada xamânica. Meus nono e décimo livros do alfabeto da sra. Peanuckle foram publicados em 2023: *The Earth Alphabet* [O alfabeto da Terra, em tradução livre] e *The Ocean Alphabet* [O alfabeto do oceano, em tradução livre], dois dos meus assuntos favoritos. Jornadas xamânicas *funcionam*.

Por último e talvez mais importante, compreendi que o nosso único papel na cura do planeta é curar a nós mesmos. Isso significa curar nossos corações, o que, por sua vez, significa aprender a amar. Aprender a amar significa ser gentil, pacífico e generoso (e não fazer coisas estúpidas e prejudiciais aos outros, mesmo que anonimamente). O que une toda a humanidade — todas as religiões, todos os países, todas as raças e etnias, todos os gêneros e todos os seres da natureza — é o amor. O amor puro e simples. *Se escolhermos praticá--lo.* Você tem uma escolha. Todos nós temos uma escolha. Eu escolho o amor. Graças às jornadas, sei que devemos curar o coração humano para curar a Terra.

O conceito de cura tem sido a missão da minha vida. Eu literalmente cresci na indústria de produtos orgânicos e de saúde e, olhando para trás, para esses sessenta anos, posso ver que a indústria errou em muitas coisas: a obsessão por perda de peso, gordura e modismos e medos alimentares, por exemplo. Mas também acertamos em outras. A agricultura orgânica regenerativa e a gestão ambiental são essenciais para todos nós, e não apenas porque comemos alimentos — na verdade, essa é a *menor* das razões. O mais significativo é que o envenenamento desnecessário da Terra prejudica a todos nós — nosso corpo, nossa comunidade, nossa água, nosso solo, nosso ar, nosso coração e nosso espírito — *porque também prejudica a todos os seres da natureza dos quais os humanos dependem para viver.* A crise ambiental global é real. É muito provável que, nas próximas décadas, aqueles de nós que ainda estarão vivos testemunhem uma migração humana sem precedentes. Um grande número de pessoas pode ser forçado a abandonar suas casas devido à elevação do nível do mar, à desertificação, à fome, à falta de água, às inundações e a toda a agitação política desencadeada por esses tipos de tragédias. Em vez de construir muros, precisamos descobrir como construir pontes (e barcos) melhores. Em vez de nos concentrarmos em matar ervas daninhas, precisamos plantar mais árvores. Em vez de sonhar com um passado romantizado e irreal no qual tudo era "puro" (o que nunca foi), precisamos sonhar um novo sonho no qual a diversidade é maravilhosa e apreciada como um importante indicador de saúde e vitalidade. Em vez de adorar nos altares do sucesso, da fama e da riqueza, precisamos celebrar a verdade, a bondade e o amor. Em vez de temer que não haja o suficiente e sentir inveja daqueles que têm mais do que nós, podemos optar por viver segundo a regra da generosidade — que, ao dar aos outros, descobriremos que há o suficiente para todos. Quando superamos nosso ciúme e nos concentramos em dar coisas boas, mesmo que sejam apenas bons pensamentos, o benefício para todos nós, mas principalmente o indivíduo que pratica isso (você), é exponencial. A reciprocidade e a regeneração são as varinhas mágicas que cada um de nós tem nas mãos. Acredito que, ao usarmos o nosso poder para o bem, podemos criar um futuro que não seja dominado pelo medo, pela guerra e pelo sofrimento.

Muitas religiões apocalípticas e mitos culturais incluem a crença num dia de julgamento ou no fim dos tempos, quando tudo desmorona e apenas os fiéis são salvos. É uma ferramenta comum usada para assustar as pessoas, levá-las à obediência e apelar ao nosso vício em drama. Aqui está o que eu acredito:

Todo dia é o fim dos tempos.
Todo dia é dia do julgamento.
Todo dia é o nascimento de um novo mundo.
Todo dia é a segunda vinda.
Todo dia é tudo.
Aja de acordo.
Sonhe um novo sonho.

Não se preocupe com cada coisinha que você coloca na boca ou com quanto está pesando. Vá lá fora. Coloque as mãos na terra. Cultive alguma coisa. Sente-se numa pedra e ouça o que a natureza tenta lhe dizer. Ouça seu coração para descobrir o seu propósito. (Aqui vai uma dica: estará relacionado com o que gera mais alegria em você.) Dance! (E não zombe das pessoas que fazem isso.) Sinta a vida em todos os lugares — nestas palavras, nesta página de livro e nas árvores que compuseram este papel. Ou na energia que ilumina esta página se você estiver lendo num aparelho eletrônico. Somos todos física! A natureza é física. Nossos corpos são física. O mundo quântico é real e é mágico. Sinta a presença mágica de todos os seres — humanos ou não — que existem na teia da vida que o trouxe até este exato momento. Sinta o amor. Sinta a gratidão. *Demonstre* gratidão. Seja generoso com tudo. Cante! *Nós somos incríveis.*

Hoje em dia, leio e ouço muito sobre a perda de confiança — no governo, na igreja, nos meios de comunicação, no sistema judicial, uns nos outros. A verdade parece mais subjetiva do que nunca. Pode parecer confuso e assustador. O que é realmente verdade? Em quem podemos confiar? No que podemos confiar? Será que algumas pessoas transformarão outro terrível tiroteio numa escola primária numa mentira para facilitar ainda mais o acesso às armas? Iremos todos recuar para um canto depois de cada tragédia, deixando a televisão ou as redes sociais nos dizerem o que pensar? Deixaremos que os extremistas ameacem a nossa liberdade e roubem a nossa alegria?

Espero que não.

Desliguem a TV. Larguem os celulares. Aqui está no que podemos confiar:

Podemos confiar na natureza.

O sol. A lua. As estações. As plantas. Os animais petulantes. Os insetos (os que amamos *e* os que nos incomodam). Toda a comida e água que a Terra fornece. Nenhum de nós pode viver sem essas coisas, e cabe a nós mostrar gratidão contínua e diariamente. Não precisamos de rituais sofisticados. Não precisamos da aprovação de nenhum superior (embora muitos deles estejam disponíveis para reuniões no Mundo Superior se quiser falar com os gerentes). Não precisamos de permissão. Podemos só sair e agradecer. Reconhecer o calor e a luz do sol. Apreciar as fases da lua que criam ondas, marés e ciclos por toda a Terra. Aproveitar cada estação pelo que ela traz: a exuberância perfumada da primavera, a deliciosa generosidade do verão, a saborosa colheita do outono e o descanso tranquilo do inverno.

Às vezes me pergunto o que acontecerá com meu jardim depois que eu morrer. Em menos de um ano, as ervas daninhas se tornariam predominantes. A grama cresceria alta, relaxaria e se espalharia livremente. Coisas espinhosas se alastrariam e criariam lares seguros para animais e pássaros. As videiras subiriam e se enrolariam em torno de cercas e muros. As árvores e plantas viveriam, morreriam e renasceriam como mudas que criarão novas florestas. As pedras poderiam ser as últimas a desaparecer. Mil anos poderiam se passar num piscar de olhos e talvez houvesse montes de terra feitos de folhas caídas, musgos, fungos e samambaias onde antes ficava meu jardim mágico. Ou talvez tudo fique debaixo d'água, como aconteceu em alguma era geológica anterior.

Moro perto de muitos jardins históricos lindos e famosos — Winterthur, Longwood, Chanticleer. Ironicamente, todos foram criados a partir de uma enorme riqueza proveniente de empresas químicas e farmacêuticas familiares como DuPont e Merck. A beleza deles requer vastos recursos financeiros e pessoas para mantê-los. Meu jardim não se parece em nada com esses lugares extravagantes (porém lindos), e a última coisa que quero é "preservar" meu jardim para a posteridade e criar algum tipo de fundação para mantê-lo. Isso seria trabalhoso demais. Jardinagem dá mesmo MUITO trabalho. Então por que continuo fazendo isso?

Faço isso porque sempre que há espaço e tempo extra na minha vida, é a primeira coisa que *quero* fazer. Quero cultivar plantas. Adoro ver as árvores jovens crescerem com o tempo. Adoro fazer compras em viveiros de plantas e ver o que há de novo. Gosto até de passar um tempo capinando porque, ao fazer isso, posso ver o que está acontecendo no jardim. Adoro criar vistas serenas que posso desfrutar das janelas da minha cozinha, do meu quarto e do meu escritório. Adoro o cheiro da terra nas minhas mãos e as flores de cada estação. Adoro ver os esquilos correndo, as marmotas fingindo ser invisíveis, os cervos brincando e os pássaros voando de um lado para o outro. Adoro descobrir os mistérios. E eu como, preservo e compartilho as coisas deliciosas que cultivo com a família e os amigos. Segui minha alegria e ela me levou ao meu jardim.

    Meu jardim é um lugar pessoal e íntimo. Sou uma artista e pinto com plantas, pedras, solo e árvores. Somos colaboradores, a natureza e eu. A selvageria é bem-vinda porque a selvageria sou eu. Fico encantada quando outras pessoas reconhecem a magia — especialmente os jovens e velhos trabalhadores que vêm aqui para consertar ou construir coisas para mim. Cada um deles, independentemente das suas tendências políticas, reconhece a magia e comenta sobre ela. Suas reações não solicitadas me dão fé de que estou no caminho certo.

    O que faria a mim e à Terra mais felizes é que essa selvageria se espalhasse para além do meu jardim, para além do Sand Pit, para além da montanha, por todo o país, pelo continente, pelo mundo, por todos os lados. Para que todos decidam parar de adicionar toxinas ao planeta, deixando-o florescer sendo amado em vez disso. Qualquer espaço onde você vive pode se tornar um habitat de vida selvagem, um santuário natural, um lugar de paz e harmonia. A alegria que surge do meu jardim pertence a tudo e a todos — especialmente às plantas, animais, pássaros, insetos, répteis, rochas, fungos e microorganismos que prosperaram nesse pequeno Éden que sobreviverá a todos nós, até mesmo aos filhos dos nossos filhos.

    Minhas filhas não são nem de longe tão obcecadas por jardinagem quanto eu. Dei a elas a liberdade de viverem as suas vidas e elas a agarraram — flutuando ao vento como sementes de dente-de-leão, cardo ou asclépia, estabelecendo as próprias raízes, as próprias colônias. Elas são livres para sonhar os próprios sonhos. Apesar de, neste momento, sermos livres para sonhar, somos livres por causa dos sonhos que os nossos antepassados sonharam para nós. Somos o sonho que nossos ancestrais sonharam. O que sonharemos para nossos netos e bisnetos? Que tipo de sementes plantaremos para o futuro em que esperamos que eles vivam? Que tipo de jardins criaremos para nutrir o mundo que queremos ver?

    A jornada xamânica abriu e suavizou meu coração de uma forma que eu precisava desesperadamente e aprecio profundamente.

Minha esperança é que, ao compartilhar essas jornadas, eu possa oferecer a você um vislumbre do que é possível. Espero que a leitura dessas histórias ajude você a aprender a confiar e a seguir seu próprio coração. Permita-se sonhar. Estamos todos no processo de criar o futuro juntos. Vamos torná-lo incrível!

Confie no amor.

Confie na natureza.

Confie na magia.

FECHANDO O ESPAÇO SAGRADO

(ao estilo da Maria)

Ao Leste, obrigada pela orientação e proteção.
Ao Sul, obrigada pela orientação e proteção.
Ao Oeste, obrigada pela orientação e proteção.
Ao Norte, obrigada pela orientação e proteção.
À Terra, obrigada pela orientação e proteção.
Ao Universo! Obrigada pela orientação e proteção.

Obrigada!

Gratidão

Primeiro, toda essa jornada xamânica nunca teria acontecido sem Kathleen. Tenho uma dívida de gratidão com ela por ter ido primeiro à xamã. Kathleen, obrigada por *tudo*!

Depois preciso agradecer a Lisa Weikel, por ser a xamã que ajudou a curar meu coração e me guiar em meu novo caminho. Ela também garantiu que tudo o que eu digo sobre xamanismo neste livro fosse preciso. Muita, muita gratidão.

Um brinde aos desbravadores, os primeiros leitores que me encorajaram a compartilhar estas histórias e me disseram que eu não era 100% delirante: Bob Teufel, John Grogan, Judith Stiles, Jason Downs, Edwina Von Gal. Maya Rodale. Que equipe maravilhosa e interessante. Obrigada.

Agradeço a Michael Jonn, o arquiteto que me contou sobre Ted Andrews.

Também tem a minha editora, FERN! Que no início ficou um pouco cética, mas depois viu a magia e acreditou na minha abordagem irreverente. O fato de ela ter sido uma das editoras da *Rodale's All-New Encyclopedia of Organic Gardening* e depois ter escolhido (junto com todos em Chelsea Green) publicar este livro parece completar uma espiral. Sou grata por ter podido confiar nela, e trabalhar com ela tem sido uma delícia.

Agradeço à minha agente, Adriana Stimola, por me acompanhar nesta longa e sinuosa estrada. Mal posso esperar para ver aonde isso nos levará! E obrigada à sua mãe, Rosemary Stimola, que representa a sra. Peanuckle.

Muito obrigada a todos na Chelsea Green, especialmente a Margo Baldwin, por receberem a mim e ao meu livro em sua editora independente, atenciosa e ambientalmente responsável.

Aos muitos ajudantes ao longo do caminho. Michael Pollan, especialmente, por ser o primeiro a me dizer que eu deveria escrever sobre viajar sem drogas e por continuar respondendo a todos os meus e-mails e acrescentando livros à minha Trilha de Livros. Desde o nosso almoço em Lutèce, há mil vidas, você tem sido uma inspiração para mim. Dra. Maya Shetreat me ajudou a mudar a perspectiva sobre minha escrita. Jon Rassmussen me deu orientação de cura e foi o primeiro a me dizer que eu não seria CEO por muito mais tempo (não acreditei na época, mas você estava certo). Bo Montenegro, por me ensinar em Esalen e em Sedona e me deixar transmitir a experiência da caverna do xamã. Maria Lucia, que já atravessou para o grande além. E Alison McGee, minha irmã australiana de outra vida. Para Shawn Dove, que compartilha minha crença no poder do amor (e da poesia) desde quando éramos crianças. Jonathan Leonardo, o pregador do avião. E Bailey Torbert, cuja luz dourada brilha intensamente. O caminho do amor está repleto de ajudantes maravilhosos. Sou grata a todos vocês.

A todos que me ajudaram com minha paisagem ao longo dos anos. Principalmente Reds Bailey, Bundy e Mike, que estiveram comigo desde o início. E Heath! Nossas mentes peculiares pensam da mesma forma, mas Heath tem as máquinas e sabe como tornar tudo real. John Panza — você também fez tudo acontecer! E toda equipe da Erwin Forrest que construiu meu escritório, obrigada. Agradeço também a Tim Delaney e equipe por instalarem as jardineiras altas. À família Glenn, por caçar na minha terra de forma gentil. E a Tom Bull e ao Herbein's Garden Center por suprir meu enorme apetite por plantas durante décadas (mas gostaria que todos vocês fossem orgânicos).

Há também Elvin, o elfo mágico que me ajuda com o jardim, com os animais e com os ratos. Nós somos uma boa equipe. Sou muito grata a ele.

A todos do Rodale Institute, especialmente a Jeff Moyer, por manterem a chama acesa.

À Wildlands Conservancy, por manter as coisas selvagens (mas, por favor, mantenha-as orgânicas também!).

GRATIDÃO

Ao Frank (o coelho), por sempre me fazer rir.

Um grande obrigada ao X (antigo Twitter) e a todas as pessoas incríveis que sigo lá. Aprendi muito sobre o mundo através de vocês (o "traduzir tweet" é algo super legal, aliás). Cientistas, pesquisadores, políticos, artistas, ativistas, pessoas de todas as cores e sexualidades, humanos. Honestamente, não entendo por que o mundo inteiro não está lá. Porque o X conecta o mundo. Mas, por favor, seja legal. Gostaria de agradecer especialmente a Patricia.

Agradeço a Henry Louis Gates Jr. por criar *Finding Your Roots*, que me ensinou muito sobre todos os pequenos, mas cruciais momentos da história que nos tornaram quem somos.

Obrigada a meus irmãos: Heather, Heidi e Anthony. Foi difícil, mas conseguimos.

A Paul McGinley e Nicole Taylor, obrigada por limparem nossa antiga vida corporativa para que eu pudesse me concentrar mais em minha nova vida. Vocês me salvaram.

Gratidão à equipe de autocuidado de minhas irmãs espirituais: Pam Fullerton, Freedom Flowers (sim, esse é seu nome verdadeiro), Holly Walck e Sandy Stola. Todas vocês me mantiveram viva. Obrigada.

Ao Lou, que é um grande pai e avô e companheiro de jornada neste caminho de vida.

Fui abençoada com amigos maravilhosos que me amam como sou e compartilham comigo a crença na magia. Kimbal Musk, você me ajudou a encontrar confiança, mesmo quando é a confiança para discordar de você. Seu trabalho com a Big Green ajudando as crianças a aprenderem a jardinar é uma inspiração para todos. David Totah, obrigada por me trazer de volta à arte e me ajudar a compreender minhas raízes judaicas. Eu amo muito vocês.

E o "Falcão", que me amou quando mais precisei e me deixou ir quando mais precisei encontrar a liberdade, mesmo que naquele momento parecesse a morte. Tentar nos entender foi um fator importante para eu começar a explorar o xamanismo. Obrigada por me dar um motivo para continuar procurando por respostas. Você fez a escolha certa.

Minhas crianças são completamente incríveis. Maya e seu marido, Tony, Eve e Lucia — eu amo muito todos vocês. Mesmo que nem sempre entendam meus hobbies incomuns, vocês ainda aparecem, comem minha comida e me ajudam a cozinhar, riem comigo, aproveitam meu jardim mágico e me amam. Minha neta mais velha, que uma vez disse à mãe que tenho uma "mercearia" no quintal. E minha neta mais nova, que ainda não explorou meu jardim mágico e minha floresta mágica. Tempos divertidos nos esperam!

Todas as noites, enquanto descanso a cabeça no travesseiro, listo todas as coisas pelas quais sou grata: as pessoas da minha vida, as experiências, todos os seres que me cercam, minha cama!

Sou grata por vocês, queridos leitores. Cada um de vocês. (Mesmo aqueles que vão revirar os olhos e pensar que só falo abobrinhas. Sim, por vocês também.)

Sou especialmente grata a todos os seres da natureza que continuaram me irritando até que percebi que estavam tentando me alcançar. Quando finalmente os ouvi, eles foram generosos e compartilharam ideias, orientação e amor. Vocês me mudaram para melhor para sempre.

E sou grata pelo meu jardim, onde este livro nasceu e foi escrito.

Caro leitor, se você chegou até aqui e está se perguntando o que pode fazer, comece de onde está. O que você está buscando começa dentro de você. Encontre sua própria Trilha de Livros. Siga sua curiosidade e sua alegria. Cante. Dance. Sonhe. Aprenda a amar a natureza. Confie na magia!

Com amor,
Maria

A trilha de livros

Listei os seguintes livros em ordem de importância em minha jornada. Se determinado título chamar sua atenção, comece por ele.

    Andrews, Ted. *Nature-Speak*. Tennessee: Dragonhawk Publishing. 2004.
    Minha primeira introdução para aprender a me comunicar com a natureza.

    Andrews, Ted. *Animal Speak*. Minnesota: Llewellyn Publications. 1993.
    Ótimo recurso para aprender e se conectar com pássaros, animais, répteis e insetos.

    Harner, Michael. *O caminho do xamã: Um guia de poder e cura*. São Paulo: Goya, 2023.
    O primeiro a apresentar a magia do xamanismo aos americanos foi Carlos Castaneda na década de 1970. Depois veio Michael Harner, que trouxe rigor e credibilidade acadêmica.

    Harner, Michael. *Cave and Cosmos*. North Atlantic Books. 2013.
    Depois de uma vida inteira estudando o xamanismo, este é o relatório final de Harner antes de seu falecimento, aos 88 anos, em 2018.

Ingerman, Sandra. *Jornada xamânica: um guia para principiantes.* São Paulo: Vida e Consciência, 2009.
Se você está realmente interessado em viajar por conta própria, este é um ótimo livro para começar.

Villoldo, Alberto. *The Four Insights: Wisdom, Power, and Grace of the Earthkeepers.* Hay House. 2006.
Fundador da escola de xamanismo Quatro Ventos, Alberto Villoldo é doutor em psicologia e escreveu muitos livros, todos interessantes.

Villoldo, Alberto. *The Wisdom Wheel.* Hay House. 2022.
O livro mais recente de Villoldo inclui muitos insights úteis, incluindo a importância de *Anyi* — ou reciprocidade.

Weikel, Lisa. *Owl Medicine.* Xlibris. 2000.
O primeiro e único livro de Lisa (até agora!) conta a história de seus primeiros dias como aspirante a praticante xamânica.

Hawken, Paul. *The Magic of Findhorn.* Bantam Books. 1976.
Sim, *aquele* Paul Hawken. Seu primeiro livro conta a história da comuna infundida pelo espírito da natureza na Escócia, chamada Findhorn.

Wright, Machaelle. *Co-Creative Science.* Perelandra Ltd. 1997.
Achei seus livros fascinantes, um pouco inacreditáveis e complicados, mas muito úteis para entender o que estava acontecendo comigo em relação à comunicação com a natureza.

Ruiz, Don Jose. *A sabedoria dos xamãs: Ensinamentos toltecas sobre o amor, a vida e a reconexão com a natureza*. Petrópolis: Vozes Nobilis. 2022.

Este eu li depois que meu livro foi concluído, mas ele iluminou ainda mais algumas de minhas jornadas e é uma visão útil sobre a cultura e tradições toltecas.

RECURSOS PARA JARDINEIROS

Há um zilhão de bons livros para jardineiros. Não consigo nem começar a listar todos eles. O recurso que considero indispensável e mais uso são os aplicativos chamados Picture This. Existe um para plantas, um para insetos e outro para fungos. Basta tirar uma foto do que deseja identificar e o aplicativo verifica a foto e informa qual é a planta, o inseto ou o cogumelo e para que serve.

Aqui estão minhas outras fontes favoritas de sementes, produtos e informação (em inglês):

High Mowing Organic Seeds
https://highmowingseeds.com

Peaceful Valley Farm and Garden Supply
https://groworganic.com

Seed Savers Exchange
https://www.seedsavers.org

Gardener's Supply Company
https://gardeners.com
(Ofertas maravilhosas de ferramentas de jardinagem, equipamentos, gadgets e kits de vaso elevado.)

Alexis Nikole
@blackforager no Instagram
@alexisnicole no TikTok

RECURSOS PARA ESTUDOS XAMÂNICOS

The Foundation for Shamanic Studies
https://shamanism.org

The Society for Shamanic Practice
https://shamanicpractice.org

Impressão e Acabamento:
BARTIRA GRÁFICA